dtv

HOKUSPOKUS
LIEBE MICH

und fünfzig andere Zauberrituale

HELEN GLISIC

Aus dem Englischen von Henriette Zeltner
Mit Fotografien von Brett Odgers
Gestaltet von Liz Seymour und Stephan Schöll

Die Autorin lebt in Sydney, Australien,
nennt sich selbst Alchimistin
und hat ihr magisches Wissen über
»earth magic« zum Beruf gemacht.

Deutsche Erstausgabe
November 1997
Deutscher Taschenbuch Verlag GmbH & Co. KG, München
© 1995 Helen Glisic
Titel der australischen Originalausgabe:
Spellbound
HarperCollins Publishers. Pty. Limited, Sydney, Australia 1995
ISBN 0-207-18641-3
© der deutschsprachigen Ausgabe:
1997 Deutscher Taschenbuch Verlag GmbH & Co. KG, München
Umschlaggestaltung: Liz Seymour und Stephan Schöll
Satz: Stephan Schöll, München
Gesetzt aus der Bembo und Mason
Druck und Bindung: C.H. Beck'sche Buchdruckerei, Nördlingen
Gedruckt auf säurefreiem, chlorfrei gebleichtem Papier
Printed in Germany
ISBN 3-423-20094-4

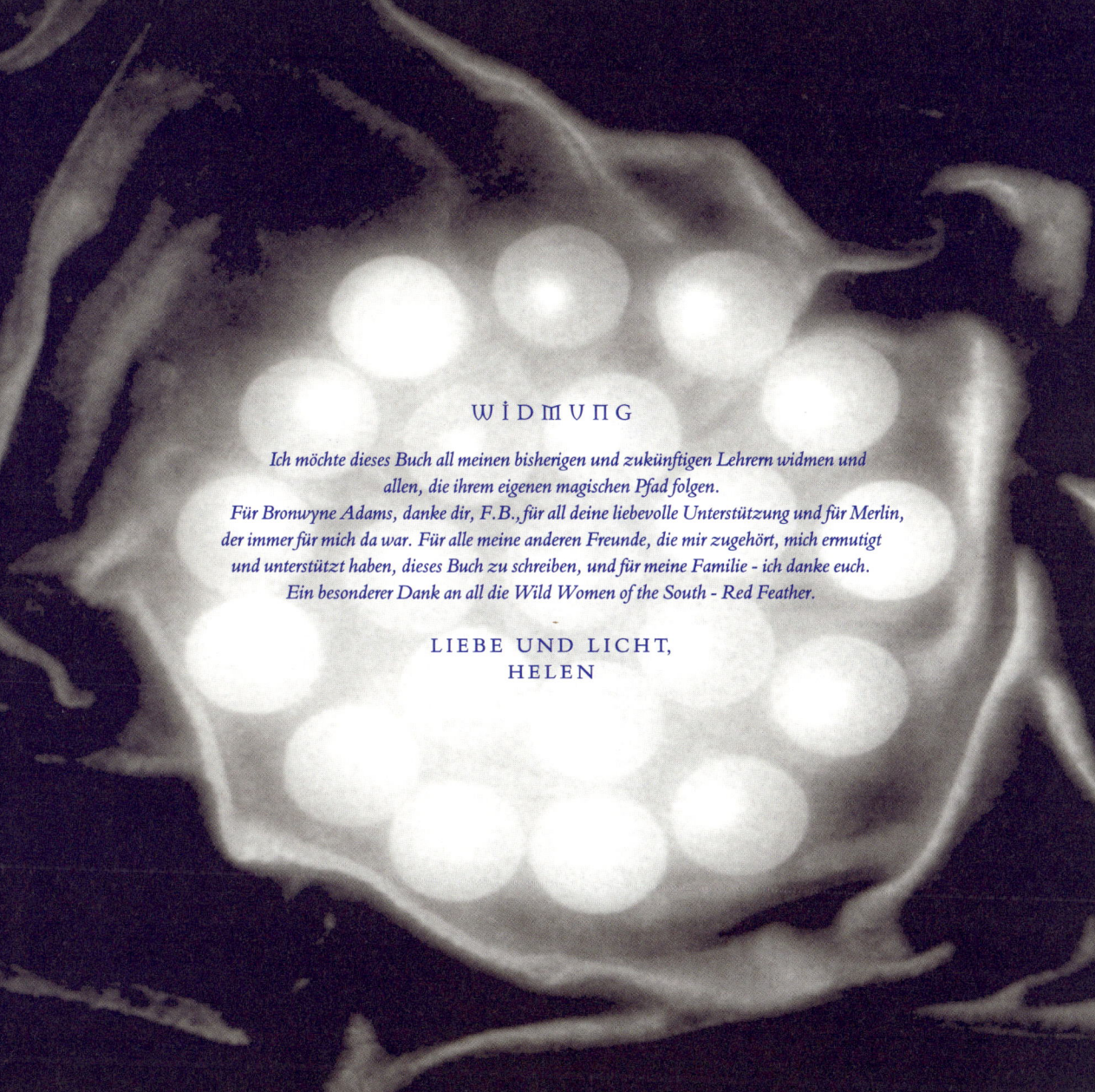

WIDMVNG

*Ich möchte dieses Buch all meinen bisherigen und zukünftigen Lehrern widmen und
allen, die ihrem eigenen magischen Pfad folgen.
Für Bronwyne Adams, danke dir, F.B., für all deine liebevolle Unterstützung und für Merlin,
der immer für mich da war. Für alle meine anderen Freunde, die mir zugehört, mich ermutigt
und unterstützt haben, dieses Buch zu schreiben, und für meine Familie - ich danke euch.
Ein besonderer Dank an all die Wild Women of the South - Red Feather.*

LIEBE UND LICHT,
HELEN

INHALT

die Macht der Kräuter und Symbole

DER ZAUBER BEGINNT

»Magie ist der Unterschied zwischen wissen, daß es funktioniert, und wissen wollen, daß es funktioniert.«

Magie ist ein Geschenk der Liebe unseres Ursprungs und Schöpfers. Sie wurde uns gegeben, damit wir sie nutzen, um uns den Alltag zu erleichtern. Magie ist Teil unseres täglichen Lebens, und wir müssen uns nur umsehen, um festzustellen, daß alles, was wir tun, irgendwie auf Zauber und Ritualen beruht. Die Art und Weise, wie wir auf die Welt kommen, ist schon ein Wunder an sich und beweist, daß Zauberei schon seit Anbeginn der Zeit in der Welt ist.

Heute betrachten viele Leute Zauberei als reine Fantasie oder So-tun-als-ob. Das Wort »magisch« weckt halbvergessene, märchenhafte Erinnerungen an Abenteuer, Herrlichkeit, in Erfüllung gegangene Wünsche und die Suche nach unauffindbar verschwundenen Drachen. Aber sind sie wirklich ganz verschwunden? Manche von uns besuchen von Zeit zu Zeit die Zauberwelt unserer Vorstellungen und Träume, wo es immer Magie gibt. Wenn wir mit unserer inneren Welt der Wunder in Verbindung bleiben, kann es uns passieren, daß wir tatsächlich einmal eine Flasche finden, in der ein Flaschengeist steckt. Wir brauchen Magie heute nötiger denn je, wenn wir für die unendlich vielen Möglichkeiten, die das Leben uns bietet, offenbleiben wollen. Diese Erfahrung kann ein Leben verändern. Wo Fantasie ist, ist auch Magie.

In früheren Zeiten haben die Menschen einfach an die Existenz von Zauberei geglaubt, weil sie für ihr Überleben wichtig war. Sie lebten in kleinen Gemeinschaften, und Magie war ein Teil ihres Lebens, sie war ihr täglicher Kontakt mit der Natur. Magie war und ist immer noch das harmonische Zusammenwirken von Körper, Geist und Universum.

Magie ist nicht nur etwas für Leute, die Glück haben - auch wenn Glück in Ihrem Leben genau die Rolle spielen wird, die Sie ihm zugestehen. Sie selbst sind letzten Endes der Grund dafür, daß Zauberei funktioniert. Mit einigen wenigen Hilfsmitteln, die Sie mit Ihrer Willenskraft laden, werden Sie in der Lage sein, Zauberei für sich selbst wirken zu lassen.

Wenn Magie respektiert wird, kann sie nur dem Wohl aller dienen, kann sie das Leben bereichern und glücklicher machen. Zauberei sollte aber nie dazu verwendet werden, einen anderen Menschen ohne seine Zustimmung zu beeinflussen, nicht einmal in einem positiven Sinn, da jeder für sich selbst verantwortlich ist.

Magie wurde früher vor allem dazu verwendet, den Geist zu heilen, aber sie kann auch dazu dienen, jedem Menschen praktische Lösungen alltäglicher Probleme zu liefern: zum Beispiel Ihr Haus vor unwillkommenen Gästen schützen (sogar vor Ihrer Schwiegermutter!) oder Ihnen Mittel an die Hand geben, Ihre Umgebung, zu Hause oder im Büro, zum Positiven hin zu verändern. Der Unterschied zwischen wirkungsvollem Zauber und bloßem Wunschdenken hängt oft davon ab, wie gut es Ihnen gelingt, Ihr Bewußtsein dazu zu bringen, Ihren Willen auf Ihre Bedürfnisse zu richten.

Dieses Buch ist dazu gedacht, Ihnen einen Einblick in die Welt der Magie zu geben und Ihnen zu zeigen, welche Rolle sie im Alltag spielt – so werden Sie auch sich selbst mit anderen Augen sehen. Was Sie erwartet, sind traditionelle und neue Rituale, Zauber- und Segenssprüche, die von mir selbst und anderen ausprobiert wurden. Manche Beschwörungsformeln entstammen der alten volkskundlichen Tradition, die meisten habe ich jedoch aus eigener Erfahrung kreiert. Ich bin bei der Arbeit in und an meinem Leben auf sie gestoßen oder habe mich durch andere Menschen zu ihnen inspirieren lassen. Manche sind auch entstanden, wenn andere sich, ohne es zu merken, der Zauberei bedient haben. Auch wenn man Magie unabsichtlich anwendet, bereichert das das eigene Leben und das der Menschen, mit denen man es teilt.

Am Ende dieses Buches werden Sie die Namen verschiedener magischer Hilfsmittel kennen und, was noch viel wichtiger ist, wissen, wie Sie Ihre eigenen Zauberrituale entwickeln, auf die Sie immer wieder zurückgreifen können. Denken Sie stets daran, das oberste Gebot der Magie zu befolgen: Schade niemandem!

Die Informationen dieses Buchs sind für die Menschen gedacht, die verstehen wollen, wie jedes Individuum sich selbst seine eigene Realität schafft. Die magische Kraft, die jeder Mensch besitzt, erfordert nicht die Kenntnis uralter Methoden oder den Glauben an irgendwelche Götter außer an das eigene höhere Selbst. Ich selbst gehöre keiner religiösen Gemeinschaft an und habe meine eigene Art zu verstehen, was ich höre und lese, während ich es in meine eigenen Ansichten einbeziehe. Ich möchte jede Leserin und jeden Leser ermutigen, sich das anzueignen, was sie brauchen, und es ihren eigenen Bedürfnissen anzupassen. Tun Sie nur, was Sie für sich selbst als richtig empfinden. Wenn Sie im Zweifel sind, fragen Sie Ihr Herz um Rat.

Manche der Zaubersprüche, Rituale und Segenswünsche erfordern sorgfältige Vorbereitung, andere sind das beste Beispiel dafür, wie einfach und unkompliziert Magie sein kann. Lesen Sie sich daher die Anleitung aufmerksam durch, bevor Sie ein Ritual oder einen Zauberspruch anwenden.

Begleiten Sie mich auf eine Reise zu einem Ort, den Sie nur in Ihrer Fantasie und Ihren Träumen besuchen. Sie werden davon einige neue und interessante Möglichkeiten mitbringen, mit denen Sie Ihr Leben magischer und bezaubernder gestalten können. Machen Sie es sich auf Ihrem Zauberteppich bequem, hüllen Sie sich in Ihr Zaubercape, und sorgen Sie dafür, daß Sie Platz für ein paar Zauberstücke haben, die Sie von dort zurückbringen werden.

Wir machen uns auf den Weg zum Zauberwald der Träume. Seien Sie gewarnt: Diese Reise wird nicht ohne ein wenig Selbsterkenntnis vonstatten gehen.

Nutzen Sie, was Sie in diesem Buch finden, um eine für alle sicht- und spürbar liebevollere Umgebung zu schaffen.

Bitte schreiben Sie mir und berichten Sie mir von Ihren Zaubereien, so daß wir unsere [...] vergleichen und mehr Liebe und Magie in diese Welt bringen können.
[...] ES

> »Ich werde dir nichts verweigern, nur du kannst dies vollbringen.«

Bitte beachten Sie: Führen Sie keine Rituale durch und sprechen Sie keine Zaubersprüche oder Segenssprüche, wenn Sie

- ☑ WÜTEND AUF SICH SELBST ODER JEMAND ANDEREN SIND,
- ☑ SICH NICHT WOHLFÜHLEN ODER TRAURIG SIND,
- ☑ UNTER DEM EINFLUSS IRGENDWELCHER DROGEN, Z.B. ALKOHOL, STEHEN.

EINE ANMERKUNG ZUR ZAUBEREI

Die häufigste Frage, die Leute mir stellen, ist: »Funktioniert es?« Ich kann nur sagen, wenn Sie an sich selbst glauben und sich auf ein positives Ergebnis konzentrieren und wenn Sie in der Lage sind, Ihre [...] zweifelsfrei zu bestimmen, dann wird es klappen. Wenn Sie das Gefühl haben, der Zauber wirke nicht, ist der Grund dafür häufig, daß Verlangen mit Bedürfnis verwechselt wurde. Und in der Magie reicht ein Verlangen nicht aus, um das von Ihnen erwartete Ergebnis zu gewährleisten – es muß ein allumfassendes Bedürfnis bestehen, das zu bekommen, was Sie am meisten wollen. Zaubern Sie immer mit offenem Herzen und gestatten Sie der Liebe, Ihnen Ihren Wunsch zu erfüllen.

Was ist Magie?

 DIE KUNST, EREIGNISSE ZU BEEINFLUSSEN, INDEM MAN DIE NATUR ODER DEN GEIST UNTER
SEINE KONTROLLE BRINGT

☑ EBBE UND FLUT DES MEERES, DER WIND IN DEN BÄUMEN, DAS INNERE EINER UNGEÖFFNETEN
ROSENKNOSPE, EINE STERNSCHNUPPE, DAS RAUSCHEN DES MEERES IN EINER MUSCHEL

☑ DIE KUNST, VERÄNDERUNGEN DA BEWUSST ZU BEWIRKEN, WO MENSCHEN SICH ÜBER IHR
ALLTÄGLICHES BEWUSSTSEIN ERHEBEN, UM IHR SPIRITUELLES POTENTIAL AUSZUSCHÖPFEN

☑ DAS TATSÄCHLICHE HERVORRUFEN VON VERÄNDERUNGEN DURCH DAS NUTZEN VON KRÄFTEN,
DIE SICH JEDOCH WEDER EXAKT DEFINIEREN LASSEN NOCH WISSENSCHAFTLICH ANERKANNT SIND

Magie ist etwas ganz natürliches, und viele von uns bedienen sich ihrer, ohne sich dessen bewußt zu sein. Die grundlegende Form der Zauberei ist, mit bestimmten Mitteln Einfluß auf seine Umgebung auszuüben. Magie ist eine Kombination der Kräfte von Kräutern, Ölen, Symbolen, Visualisierungen, Affirmationen und individueller Konzentration.

Visualisierung bedeutet, daß Sie vor Ihrem geistigen Auge das Bild eines positiven Ergebnisses entstehen lassen und dieses Bild dann zur Bekräftigung Ihrer Wünsche verwenden. Affirmation nutzt die Macht des gesprochenen Wortes für positive Aussagen, um negative Einstellungen zu ändern. Individuelle Konzentration ist die Stärke Ihrer Absicht, der Grad Ihrer Konzentration und nicht zuletzt der gute alte Glaube an sich selbst.

Magie basiert also auf natürlichen Elementen, die zum Wohl aller in Harmonie zusammenwirken und sich der subtilen Energien der Natur bedienen. Diese Energien fließen zu und von dem Menschen weg, der den Spruch sagt oder das Ritual ausführt, und in die Gegenstände hinein, die dabei verwendet werden, z. B. Kerzen, Kristalle, Steine und Symbole. Diese Energien werden dann von Ihnen transformiert, durch Ihre innere Weisheit, durch die Kraft von Visualisierung und Affirmation. Energie, die auf derart konzentrierte Weise gelenkt wird, ist lebensverändernd und magisch.

Wenn wir uns auf die Rhythmen und Zyklen der Erde zurückbesinnen, wird uns das wieder ins Gleichgewicht mit der Natur bringen. Eine Zauber-Zeremonie ist ein Weg, diese Erdverbundenheit wiederherzustellen. Aus diesem Wissen heraus ist die Magie in alten Kulturen lebendig geblieben, und deshalb wird sie heute von vielen Menschen ausgeübt, um wieder mit der Natur in Verbindung zu treten und zu kommunizieren.

VERSCHIEDENE ARTEN VON MAGIE

Es gibt verschiedene Arten von Zauberei. Die drei wichtigsten sind Weiße Magie, Schwarze Magie und Erdmagie. Darüber ließen sich jetzt erschöpfende Debatten führen, aber ich will nur darauf eingehen, was die verschiedenen Arten der Magie für mich persönlich bedeuten, da hier jeder individuelle Ansichten hat.

Weiße Magie meint die Nutzung natürlicher Kräfte und spiritueller Sphären. Sie ist für viele Menschen eine Art Lebensstil und umfaßt Meditation und die Erforschung aller Elemente des Selbst. Sie steht in Zusammenhang mit den eigenen Ansichten dazu, warum das Leben so verläuft, wie es das tut, wie bestimmte Ereignisse unsere Welt formen und wie wir uns selbst unsere eigene Realität schaffen. Denken Sie immer daran, daß Sie am Steuer sitzen - wenn Sie denken, dem wäre nicht so, wer säße dann dort?

Unter Schwarzer Magie verstehe ich die Anwendung und die Manipulation natürlicher Kräfte mit dem Ziel, Kontrolle über andere zu gewinnen und diese mächtige Energie nur für den persönlichen Vorteil zu nutzen. In der Schwarzen Magie müssen Sie sich nur einen Grundsatz merken, und zwar: »Wer Wind sät, wird Sturm ernten.«

Die Erdmagie macht sich die Energien der Erde, des Wassers, des Windes, des Feuers, der Pflanzen und der Steine zunutze. Von allen Zauberpraktiken ist sie die am einfachsten anzuwendende, da sie sich sehr simpler Methoden bedient, die auf Ihren eigenen Energien und denen Ihrer Umgebung aufbauen und niemandem schaden. Dieses Buch handelt durchwegs von Erdmagie, manchmal in Kombination mit Weißer Magie.

RITUAL, ZAUBERSPRUCH, SEGENSSPRUCH UND ZEREMONIE

Rituale oder Riten sind ein wichtiger Bestandteil aller Kulturen der Vergangenheit und der Gegenwart, weil sie helfen, das Zusammengehörigkeitsgefühl einer Gemeinschaft zu erhalten und jedes Individuum auf die Rolle vorbereiten, die es im Leben darin spielen soll. Rituale sind die physische Darstellung einer spirituellen Reise zum Selbst. Ritual ist ein anderes Wort für Zauberspruch und Zauberspruch ist ein anderes Wort für Segensspruch. Eine Zeremonie hat sehr viel mit allen dreien zu tun. Es ist wichtig, daß Sie den Begriff verwenden, der Ihnen persönlich am treffendsten erscheint. Ich verwende - je nach Zusammenhang - abwechselnd alle vier.

Leider haben die meisten Menschen eine negative Einstellung gegenüber Zaubersprüchen und Ritualen. Vieles, was darüber gesagt wird, beruht aber nur auf einer falschen Wahrnehmung von etwas, das in Wirklichkeit ganz natürlich ist. Jeder von uns hat ein Ritual, das er täglich ausführt, ohne auch nur darüber nachzudenken. Wir trinken zum Beispiel jeden Morgen als erstes eine Tasse Tee oder Kaffee oder besuchen alle paar Wochen dasselbe Restaurant. Heiraten ist ein Ritual, das die meisten Kulturen gemein haben, und ich bin sicher, Ihnen fallen noch hundert andere ein. Sie sind aber nur eine Form von Ritualen in unserem Leben. Stellen Sie sich vor, was passieren würde, wenn Sie anfangen würden, Zaubersprüche oder Rituale zu verwenden, um mehr Glück zu haben: Magie würde Ihr Leben auf hunderterlei Weise verändern. Denken Sie doch mal darüber nach, Ihrem Leben ein bißchen Zauber zu geben. Wenn Sie ein Ritual oder eine Zeremonie durchführen, einen Zauber- oder Segensspruch sagen, erweisen Sie damit zugleich auch Mutter Erde die Ehre.

Bei Ritualen geht es darum, das scheinbar Unmögliche möglich zu machen, es handelt sich um eine formalisierte Verwendung von Symbolen, die mit oder ohne Hilfsmittel erfolgen kann. Wenn Sie solche Mittel nutzen, erleichtert Ihnen das die Konzentration auf die Aufgabe, die Sie sich gestellt haben. Magie kann nicht nur physische Veränderungen in Ihrem Leben bewirken, sondern auch Ihr Selbstvertrauen stärken und so Ihren Alltag insgesamt angenehmer machen.

Verwenden Sie nur solche Hilfsmittel und Symbole, mit denen Sie sich auf irgendeine Weise verbunden fühlen, die einen Widerhall in Ihnen auslösen. Dann werden Sie auch bessere Ergebnisse erzielen. Wenn Sie Anfänger in der Kunst der Magie sind, bedienen Sie sich am besten zunächst der Ingredienzen und Anleitungen, die ich auf den folgenden Seiten vorstelle.

Zaubersprüche können Ihnen nur dann Liebe, Glück oder die Erfüllung Ihres Herzenswunschs gewähren, wenn Sie sich damit auseinandersetzen, was Sie davon abhält, das Leben zu leben, das Sie wirklich leben wollen. Zu diesen Hindernissen gehören eingefahrene Verhaltensmuster, denen Sie verhaftet sind, zum Beispiel, sich in einer Beziehung völlig aufzugeben, die Verantwortung für eigenes Tun zu leugnen oder nichts an Umständen zu ändern, die Ihnen offensichtlich schaden. Zaubersprüche oder Rituale können und werden nicht funktionieren, solange Sie nicht willens sind, sich um Veränderung zu bemühen.

»Um Dinge zu ändern, muß ich zuerst mich selbst ändern.«

Die Worte, die Sie in einem Zauberspruch verwenden, um eine gewünschte Veränderung zu bewirken, sollten Ihnen bereits beim Aussprechen das Gefühl geben, Sie hätten das, worum Sie bitten, schon erhalten. Vielleicht wollen Sie die Sätze, die ich Ihnen in diesem Buch vorschlage, nach Ihren eigenen Vorstellungen verändern. Das ist absolut in Ordnung, solange Sie daran denken, nur positive Ausdrücke zu verwenden. Schreiben oder sprechen Sie die Worte auf eine Weise, die Ihrem Wohl und dem anderer dient.

Die Bezeichnung Zeremonie stammt vom lateinischen Wort für Heiligkeit. Es ist eine uralte Methode, etwas in die Realität umzusetzen, das durch die Vorstellungsgabe oder Traumarbeit vorbereitet worden ist. Eine Zeremonie stärkt unsere Beziehung zu einer heiligen Zeit, die wir in unserer Innenwelt verbracht haben. Wir schaffen Zeremonien, um unser Leben zu bereichern und um besser zu verstehen, daß wir eins sind mit der Erde. Einfache Zeremonien bestehen lediglich darin, allein Zeit in der Natur zu verbringen, um unseren Ursprung und Schöpfer zu ehren.

Richtlinien für Rituale

Um die richtige Atmosphäre für ein Ritual, einen Zauber- oder Segensspruch oder eine Zeremonie zu schaffen, sollten Sie sich an ein paar Regeln halten, die Ihnen dabei helfen. Befolgen Sie diese Schritte, bevor Sie eines der in diesem Buch vorgestellten Rituale ausprobieren. Und bitte beachten Sie: Selbst wenn es nicht ausdrücklich in der Anleitung für einen Zauberspruch oder ein Ritual steht, ist es unerläßlich, daß Sie einen Kreis um Ihren magischen Wirkungsraum ziehen, bevor Sie beginnen.

SO SEI ES

Wichtige Vorbereitungen

▪ SCHLIESSEN SIE ALLES UND JEDEN AUS, DAS ODER DER SIE UNTERBRECHEN ODER IHRE PRIVATSPHÄRE STÖREN KÖNNTE, SCHALTEN SIE DEN ANRUFBEANTWORTER EIN ODER HÄNGEN SIE DAS TELEFON AUS.

▪ LEGEN SIE SICH ALLE BENÖTIGTEN ZUTATEN UND HILFSMITTEL GRIFFBEREIT ZURECHT.

▪ NEHMEN SIE EIN BAD UND VERWENDEN SIE DAFÜR DIE BESTEN KRÄUTER UND BLÜTEN.

▪ TRAGEN SIE NUR KLEIDUNG AUS NATURFASERN UND KEINEN SCHMUCK.

▪ NEHMEN SIE SICH SOVIEL ZEIT, WIE SIE BRAUCHEN.

▪ SCHAFFEN SIE SICH EINEN HEILIGEN ORT, AN DEM SIE ALL IHRE ZAUBER- UND SEGENSSPRÜCHE, RITUALE UND ZEREMONIEN VOLLZIEHEN, DENN ES IST GUT, DIES IMMER AM SELBEN PLATZ ZU TUN.

▪ REINIGEN SIE DEN RAUM MIT WEIHRAUCH, DER ALLE NEGATIVE ENERGIE ENTFERNT. (AMERIKANISCHE INDIANER VERWENDETEN DAFÜR FRÜHER EINE FACKEL AUS SALBEI, ZEDERNHOLZ ODER SÜSSGRÄSERN, UM DAMIT DIE LUFT ZU REINIGEN UND DAS BÖSE FERNZUHALTEN.)

▪ ZIEHEN SIE EINEN MAGISCHEN KREIS UM IHREN ZAUBERORT.

Günstige Mondphasen für Rituale und Zaubersprüche

Traditionell gilt der Mond als Orientierungshilfe für die beste Zeit zur Durchführung von Ritualen. Es ist jedoch nicht immer wichtig, sich an den Mond zu halten, denn wenn Sie selbst das Gefühl haben, der richtige Zeitpunkt für Ihren Spruch sei gekommen, können Sie auch auf Ihre innere Stimme hören oder aber warten, bis der Mond die richtige Position erreicht hat, um Ihre Wünsche zu erfüllen. Die folgenden Mondphasen sollten Sie nach Bedarf nutzen.

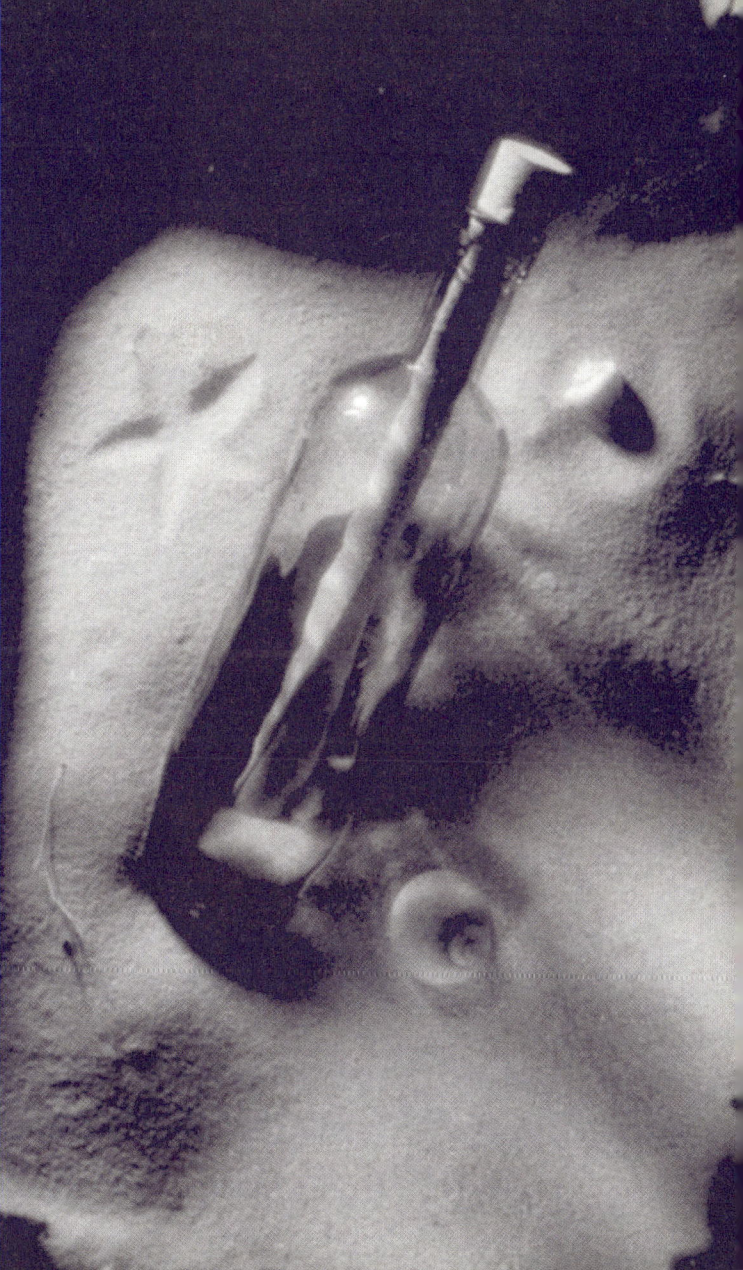

☑ VOLLMOND – ZEIGT DEN STATUS QUO AN, VOLLENDUNG UND ERFÜLLUNG.

☑ ZUNEHMENDER MOND – STEHT FÜR MACHTVOLLE VERÄNDERUNGEN, DIE GANZHEIT, KREATIVITÄT UND REGENERATION BEDEUTEN.

☑ ABNEHMENDER MOND – FÜHRT ZUM LOSLÖSEN VON ALTEN GEWOHNHEITEN UND BEZIEHUNGEN.

☑ NEUMOND – BRINGT NEUANFÄNGE, NEUE BEZIEHUNGEN UND NEUE JOBS.

EINEN MAGISCHEN KREIS ZIEHEN

Einen heiligen Ort schaffen

Bevor man mit irgendeinem Zauber beginnt, zieht man einen Kreis, um einen Raum, eine magische Sphäre zu schaffen, wohin man seine Energie lenken kann. Außerdem schützt dieser Zirkel vor Störungen. Denken Sie jedes Mal daran, bevor Sie irgendeinen Spruch aufsagen, ein Ritual oder eine Zeremonie vollziehen.

So ein abgegrenzter Raum gibt Ihnen Schutz gegen unerwünschte Einflüsse während des Rituals. Es gibt keine bestimmte, vorgeschriebene

Weise, einen solchen Kreis zu ziehen. Anfängern empfehle ich, die hier beschriebene Methode zu versuchen. Andere Bücher zum Thema schlagen sicher weitere Möglichkeiten vor, so daß Sie genau diejenige finden können, die Ihnen am besten entspricht. Mir kommt die unten beschriebene Vorgehensweise am meisten entgegen, aber das muß jeder für sich selbst herausfinden.

Um einen magischen Kreis zu ziehen, gehen Sie folgendermaßen vor:

- BESTIMMEN SIE DIE VIER HIMMELSRICHTUNGEN – OSTEN, SÜDEN, WESTEN UND NORDEN.

- STELLEN SIE SICH EINEN REALEN KREIS ODER MAGISCHEN RING VOR, DER SIE UND DEN ORT, AN DEM SIE SICH BEFINDEN, UMSCHLIESST.

- RUFEN SIE ALLE VIER HIMMELSRICHTUNGEN MIT FOLGENDEM ZAUBERSPRUCH AN:

»Ich ziehe diesen magischen Kreis. Möge er mich vor unerwünschten Energien schützen und nur die

- STELLEN SIE SICH VOR, DASS SIE VON EINEM WEISSEN LICHT UMGEBEN SIND, DAS SIE HERBEIRUFEN KÖNNEN, WANN IMMER SIE DAS GEFÜHL HABEN, SEINES SCHUTZES ZU BEDÜRFEN.

ZAUBERÖLE

Duftöle werden schon seit Jahrtausenden verwendet, da sich die Menschen der Wirkung duftender Pflanzen und Blüten auf ihren Geist, ihren Körper und ihre

Gefühle schon immer bewußt gewesen sind. Früher hat man Duftöle vor allem als Heilmittel genutzt. Dann wurden sie ein Teil des täglichen Lebens - als Badezusatz, zum Salben heiliger Gegenstände bei Ritualen und Zeremonien, als Opfergabe für Göttinnen und Götter in Form von Räucherwerk, zum Beispiel Weihrauch. Man fand heraus, daß Weihrauch, aber auch Räucherwerk generell, die Sinne für spirituelle Riten schärft. Duftöle wurden auch verwendet, um den Körper zu salben. Kleopatra soll ein reiches Sortiment davon benutzt haben, um ihre vielen Verehrer zu betören. Das Tragen von Duftöl sollte Glück und Liebe bringen. Hier liegen die Anfänge der modernen Aromatherapie, die heute wieder ein Teil unseres täglichen Lebens ist.

Die folgenden Mischungen wurden kreiert, um die magischen Kräfte zu nutzen, die diesen Ölen innewohnen. Diese Art der Anwendung ist eine Form der Aromatherapie, da die ätherischen Öle die nichtphysische Energie unseres Körpers nutzen. Um Sie mit der traditionellen Aromatherapie vertraut zu machen, stelle ich auch ein paar gängige Mischungen vor, zum Beispiel zur Entspannung, zur Inspiration oder auch nur um die Raumluft zu erfrischen. Wenn Sie mehr über Aromatherapie erfahren wollen - es gibt eine Reihe hervorragender Bücher zu diesem Thema (ein paar davon finden Sie in den Literaturempfehlungen am Ende dieses Buches, siehe S. 95).

Die Aromatherapie vermittelt Ihnen mit Hilfe der ätherischen Öle auch einen magischen Lebensaspekt - genießen Sie die Vielzahl der Düfte und kreieren Sie Ihre eigenen Spezialmischungen. Vielleicht haben Sie Lust, ätherische Öle aus frischen Blüten selbst zu gewinnen, es gibt aber auch jede Menge fertiger Öle in einwandfreier Qualität zu kaufen.

Energien des Lichts und der Liebe zu mir und in mich bringen. Fort mit all der anderen Energie.«

Wenn Sie Ihre eigenen Zaubermischungen herstellen, denken Sie daran, daß die reinen Öle ziemlich teuer sind, und experimentieren Sie mit Bedacht. Die folgenden Mischungen sollen Ihnen als Anregungen dienen. Wenn Sie erst einmal mit den verschiedenen Ölen und ihren Wirkungen vertraut sind, können Sie Ihrer Kreativität freien Lauf lassen.

Aromaöle lassen sich vielseitig verwenden. Sie können Ihnen helfen, eine magische Atmosphäre zu schaffen, und auch ihr angenehmer Duft ist hilfreich. Benutzen Sie Öle, um die Kerzen für Ihre Zauberrituale zu aromatisieren und sie so mit Ihren persönlichen Schwingungen und mit Ihrer Lebenskraft zu laden. Sie können eine Kerze auch damit parfümieren, um die Wirkung eines Segens- oder Zauberspruchs zu verstärken. Sie können das Öl wie ein Parfum am Körper tragen, um Liebe und Glück anzuziehen. In eine Duftlampe gegeben, vertreibt das richtige Öl negative Schwingungen. Geben Sie ein paar Tropfen auf Ihre Amulette oder ins Badewasser. Sie können auch Gegenstände wie Kristalle oder Steine damit aromatisieren, um deren Wirkung zu verstärken. Nur Sie selbst können entscheiden, wo und wie Aromaöle Ihre Zauberkraft am besten unterstützen.

Um eigene Mischungen herzustellen, brauchen Sie ein paar 30ml-Fläschchen (aus der Apotheke oder Drogerie) oder andere kleine Fläschchen, die Ihnen gefallen und die Sie mit reinem Alkohol ausgewaschen haben. Dann benötigen Sie eine Auswahl von Basisölen (zum Beispiel Mandel-, Avocado- oder Aprikosenkernöl) und ätherischen Ölen, etliche getrocknete Kräuter und Gewürze (zum Beispiel Minze und Zimt), eine 200ml-Flasche zum Mixen sowie eine eigene Pipette für jedes Öl.

Konzentrieren Sie sich während Sie die Öle mischen, auf die Wirkung der Öle, mit dem Sie gerade hantieren - zum Beispiel in bezug auf Liebe oder Wohlstand. Werden Sie zum Alchimisten, und übertragen Sie auf das Öl nicht nur Ihre Wünsche, sondern geben Sie ihm neues Leben, so daß, was auch immer Sie sich in Ihrem Leben wünschen, in Erfüllung geht. Nachdem Sie das ätherische Öl zum Basisöl gegeben haben - als Sie übrigens um dessen Konzentration vorher vorbereitet selbst - drehen Sie die Fläschchen im Uhrzeigersinn und stellen das Öl dann, in ein Stück Stoff gewickelt, für ein paar Tage zur Seite. Der Stoff kann auch eine bestimmte Farbe haben, die Ihnen passend erscheint. Nehmen Sie die Flasche jeden Tag hervor und schütteln Sie sie im Uhrzeigersinn, während Sie irgendein Spruch dazu sagen:

»Mögen die Geister dieses Öls mir zu größtem Nutzen gereichen. So sei es.«

Danken Sie dann den Geistern der Kräuter und Öle in Ihren eigenen Worten, in Worten, die Ihnen etwas bedeuten.

Sie können sich selbst und andere täglich salben, indem Sie einen Tropfen Öl zwischen die Augenbrauen geben und sagen:

»Mein Segen soll Liebe und Freude bringen.«

Denken Sie während des Salbens und Ölens immer an Ihr Vorhaben.

Beachten Sie bitte, daß ätherische Öle in konzentrierter Form Hautreizungen hervorrufen können, geben Sie sie deshalb nie unverdünnt auf die Haut.

WOHLSTANDSÖL

Öffnen Sie Ihr Herz, um das Glück in Ihr Leben zu lassen.

Sie brauchen dazu:

je 8 Tropfen Zimt-, Orangen- und Kamillenöl

2 Tropfen Ingweröl

30 ml Mandelöl

1 Zimtstange

Träufeln Sie die ätherischen Öle in das Mandelöl und schütteln Sie alles gut. Geben Sie die Zimtstange in die Flasche. Tropfen Sie etwas von dem Öl auf Ihr Portemonnaie, auf Kerzen für einen entsprechenden Segenswunsch, auf Lottoscheine usw., um mehr Glück in Ihr Leben zu bringen.

LIEBESÖL

Schaffen Sie Raum für die Liebe.

Sie brauchen dazu:

je 6 Tropfen Rosen-, Lavendel- und Korianderöl

30 ml Avocadoöl

½ Vanillestange

Geben Sie die ätherischen Öle zum Avocadoöl und schütteln Sie alles gut. Geben Sie die Vanillestange in die Flasche. Träufeln Sie etwas von dem Öl auf Ihre Liebesbriefe (auch auf Ihre Rechnungen!). Parfümieren Sie Ihr Badewasser damit oder tragen Sie es zu einem besonderen Anlaß. Schicken Sie Ihrem Geliebten ein Fläschchen davon. Ein paar Tropfen davon in einer Duftlampe sorgen für eine liebevolle Atmosphäre. Dieses Öl ist auch als Massageöl geeignet.

GLÜCKSÖL

Ein Öl, das das Glück anzieht.

Sie brauchen dazu:
je 6 Tropfen Thymian-, Anis- und Minzöl
30 ml Olivenöl
1 Zweig frische Minze

Mischen Sie die ätherischen Öle mit dem Olivenöl. Geben Sie den Minzezweig in die Flasche. Ein Tropfen von diesem Öl vor der Examensarbeit auf Ihren Füllhalter oder ein paar Tropfen davon auf Ihre Bewerbungsunterlagen, bevor Sie sie abschicken!

FREUNDSCHAFTSÖL

Dieses Öl stärkt Freundschaften.

Sie brauchen dazu:
4 Tropfen Geißblattöl
2 Tropfen Basilikumöl
2 Tropfen Minzöl
30 ml Mandelöl
1 Zweig frische Minze

Geben Sie die ätherischen Öle zum Mandelöl und schütteln Sie alles gut. Stecken Sie den Minzezweig in die Flasche. Es genügen schon ein paar Tropfen davon auf den nächsten Brief oder die nächste Karte, die Sie an einen Freund schicken.

ÖL FÜR VERLETZTE GEFÜHLE

Dieses Öl reinigt die Atmosphäre, damit der Schmerz vergehen kann.

Sie brauchen dazu:
7 Tropfen Sandelholzöl
3 Tropfen Veilchenöl
2 Tropfen Eukalyptusöl
30 ml Traubenkernöl
ein kleines Stückchen Sandelholz

HOKUSPOKUS

Geben Sie die ätherischen Öle zum Traubenkernöl und schütteln Sie alles gut. Stecken Sie das Sandelholzstückchen in die Flasche. Dieses Öl eignet sich auch für eine Duftlampe. Sie können aber auch ein paar Tropfen davon in der Herzgegend verreiben. All Ihre bedrückenden Gefühle werden dadurch an die Oberfläche steigen, so daß Sie sich von ihnen befreien können.

FRIEDENS- UND HARMONIEÖL

Um das Gleichgewicht in Ihrer Umgebung wiederherzustellen.

Sie brauchen dazu:
3 Tropfen Jasminöl
5 Tropfen Fliederöl
2 Tropfen Magnolienöl
30 ml Sonnenblumenöl

Geben Sie die ätherischen Öle zum Sonnenblumenöl und vermischen Sie sie gut. Verwenden Sie das Öl in einer Duftlampe, oder aromatisieren Sie eine weiße Kerze, die Sie der Harmonie widmen, damit.

ANDERE ÖLE

Bedenken Sie, daß der Duft mancher Mischungen sehr zart und schwach ist. Fügen Sie trotzdem nicht mehr Aromaöle hinzu, um den Duft zu verstärken, da die Öle auch in so sanfter Form magisch und wirkungsvoll sind.

Ätherische Öle und ihre Indikationen

Diese Aufstellung basiert auf den Erfahrungen der traditionellen Aromatherapie.

SEELISCHES BEWUSSTSEIN

LORBEERBLATT, ZIMT, MUSKATNUSS, BEIFUSS, ZITRONENGRAS UND STERNANIS

MEDITATION

KAMILLE, WEIHRAUCH UND SANDELHOLZ

STRESS

BASILIKUM, ROSE UND LAVENDEL

DEPRESSION

MUSKATELLERSALBEI, ROSE UND YLANG-YLANG

SPIRITUALITÄT

ZEDER, MYRRHE UND SANDELHOLZ

TRÄUME

MUSKATELLERSALBEI, BEIFUSS, JASMIN UND RINGELBLUME

Um Öle für die im Kasten auf S. 21 genannten Zwecke zu mischen, brauchen Sie ätherische Öle und eine Basis aus Aprikosenkern- oder Avocadoöl. Geben Sie ein paar Tropfen der jeweiligen Öle in eine Flasche und vermischen Sie sie durch Schütteln gut. Diese Öle sind sowohl für eine Duftlampe geeignet, als auch - zusammen mit getrockneten Kräutern - für ein Duftkissen. So können Sie zum Beispiel Wacholderbeeren mit dem Traumöl parfümieren, in ein kleines Stück Stoff aus Baumwolle oder Seide einnähen und als Kissen für die Augen verwenden. Schneiden Sie den Stoff passend auf die Form Ihrer Augenhöhlen zu und befestigen Sie ein Band an beiden Seiten des Kissens, damit Sie es sich um den Kopf binden können. Lassen Sie das Öl ein paar Tage einziehen, bevor Sie das Kissen zum ersten Mal verwenden, damit Ihre Augen davon nicht gereizt werden.

FARBENZAUBER

Die Verwendung von Kerzen, Kristallen und Ölen

Farbe wurde schon von den alten Ägyptern zur Heilung in ihren Tempeln verwendet. In Indien assoziiert man mit Farben die Chakren, die Energiezentren des Körpers. Viele andere alte Kulturen setzen ebenfalls Farbe mit Energie gleich, da sie unsere Stimmungen und Gefühle beeinflußt. Noch heute sprechen wir davon, grün vor Neid zu sein oder den Blues zu haben. Mit verschiedenen Farben kann man den Körper heilen und während der Meditation Gefühle stabilisieren sowie Körper und Geist harmonisieren.

Farbenzauber macht sich die in einer Farbe enthaltene Essenz und ihre Schwingungen zunutze. Jede Farbe besitzt nämlich eine einzigartige Schwingung. Zusammen angewandt, bilden Essenz und Schwingung einer Farbe ein magisches Ritual, das Energien steigert. Eine starke, aber sichere Form der Magie. Es macht Spaß, Farben zu verwenden und Ritualen so mehr Zauber zu verleihen. Alles, was Sie dazu benötigen, ist ein Blick in Ihr Inneres und die Frage an sich selbst, welche Farbe Ihnen zu welchem Anlaß am geeignetsten erscheint. Farbe stimuliert die innere Kraft, sie ist wie das Erblühen des eigenen Potentials und steht für ein Leben in Harmonie mit den Naturgesetzen. Farben, Kerzen und Öle verstärken die Gesamtwirkung eines magischen Rituals, vor allem da das Entzünden von Kerzen gleichzusetzen ist mit der Illumination der Seele, die die Wiedergeburt feiert.

Wenn Sie die Farbe der Kerze wählen, suchen Sie auch das passende Öl aus. Diese Kerzenrituale sind für Zeiten gedacht, in denen Sie keinen besonderen, großen Wunsch haben. Solche Mini-Rituale können Sie sogar jeden Tag abhalten, um sich selbst daran zu erinnern, daß Sie ein magisches Leben leben. Nach Belieben können Sie auch mehr als eine Kerze oder Kerzen in verschiedenen Farben verwenden, manchmal erhöht das auch die Effektivität. Ich persönlich benutze oft 10 bis 20 Kerzen für ein Ritual oder eine Zeremonie.

Bevor Sie eine Kerze entzünden, konzentrieren Sie sich auf Ihre Widmung, von der auch die Farbe der Kerze abhängt. Ritzen Sie dann mit einem spitzen Gegenstand das gewünschte Symbol in die Kerze. Um den Kerzenzauber noch zu verstärken, verwenden Sie außerdem den entsprechenden Kristall aus der Liste unten (siehe S. 24 bis 27). Wenn Sie Kristall und Kerze benutzen, nehmen Sie den Kristall in die Hand, mit der Sie nicht schreiben, und laden Sie ihn mit Ihrer Lebensenergie. Legen Sie den Kristall dann vor die Kerze.

Danach nehmen Sie sich ein paar Minuten Zeit, um Ihren Geist zu entspannen. Erst dann können Sie visualisieren, was Sie mit diesem Zauber erreichen wollen. Entzünden Sie die Kerze und sprechen Sie zu sich selbst:

»Ich widme diese Kerze der Liebe und dem Überfluß« oder »Möge mein Wunsch in diesem Licht aufgehen.«

Tragen Sie den Kristall bei sich oder verwenden Sie ihn bei Ihren Meditationen in dem Bewußtsein, daß er bereits von Ihrem Wunsch erfüllt ist. Vielleicht möchten Sie ihn ja auch mit dem entsprechenden Öl aromatisieren.

Löschen Sie Ihre Kerzen immer mit einem Atemstoß aus der Nase, anstatt sie auszublasen. So bleibt der Zauber in der Kerze, und Sie können ihn das nächste Mal im Gedanken an denselben Wunsch erneut entzünden. Die Kerzen mit Aromaöl zu parfümieren, erhöht den Zauber. Geben Sie also ein paar Tropfen des Öls auf Ihre Fingerspitzen, visualisieren Sie, was Sie sich wünschen, und reiben Sie das Öl in die Kerze. Der Duft wird sich verbreiten, sobald die Kerze brennt, und Sie wiederum an Ihren Wunsch erinnern.

KOMBINATIONEN AUS KERZE, KRISTALL, ÖL UND FARBE

1. WEISS

KERZE: weiß – für Frieden und Spiritualität
KRISTALL: durchsichtiger Quarz – für Gleichgewicht, Friedfertigkeit und Spiritualität
ÖL: Jasmin- oder Lilienöl
SEGENSSPRUCH: »Ich widme diese Kerze dem Frieden, damit meine spirituellen Kräfte wachsen können.«
UND SO IST ES

2. ROT

KERZE: rot – für Leidenschaft, Liebe und Mitgefühl
KRISTALL: Rosenquarz – zur Förderung von Eigenliebe und Mitgefühl
ÖL: Rosenöl
SEGENSSPRUCH: »Möge mein Wunsch nach einem Leben voller Leidenschaft und Liebe im Licht dieser Kerze aufgehen.«
SO SEI ES

3. GELB

KERZE: gelb – für Freude und Freundschaft
KRISTALL: Zitrin – für Fröhlichkeit, Hoffnung und ein leichtes Herz
ÖL: Bergamottöl
SEGENSSPRUCH: »Ich widme diese Kerze dem emotionalen Gleichgewicht in allen meinen Freundschaften.«
UND SO SOLL ES SEIN

HOKUSPOKUS

4. GRÜN

KERZE: grün – für Wohlstand, Glück und Harmonie
KRISTALL: Jade – für Reichtum, Wohlstand und Glück
ÖL: Zitronenöl
SEGENSSPRUCH: »Möge mein Wunsch, mich der Hilfe des Universums zu öffnen, im Schein dieser Kerze aufgehen.«

ALLES IST EINS

5. BLAU

KERZE: blau – für Heilung und Schutz
KRISTALL: Sodalith – um Klarheit, Wahrhaftigkeit und Kreativität im Ausdruck zu erhalten
ÖL: Salbeiöl
SEGENSSPRUCH: »Ich widme diese Kerze den heilenden Strahlen der Engel.«

UND SO SOLL ES SEIN

6. VIOLETT

KERZE: violett – für spirituellen und materiellen Reichtum
KRISTALL: Amethyst – für Ruhe, Heilung und Schutz
ÖL: Zimtöl
SEGENSSPRUCH: »Möge mein Wunsch, meinen Bedürfnissen ihre Erfüllung zu erlauben, im Licht dieser Kerze aufgehen.«

ALLES IST EINS

Kristallmagie

Kristalle finden in der Magie schon seit Äonen Verwendung, und jeder Stein hat seine eigenen einzigartigen Eigenschaften und Heilkräfte. Kristalle verstärken die Energie, die um sie herum ist. Sie können in einem magischen Ritual die Wirkung der Energie, die man auf sie richtet, steigern. Kristalle helfen auch, unerwünschte Energien fernzuhalten. Bedienen Sie sich ihrer also in Ritualen und bei Zaubersprüchen, um die Kraft Ihrer Gedanken zu verstärken.

Sammeln Sie Kristalle und machen Sie sie mit dem folgenden Ritual zu Ihren eigenen. Waschen Sie jeden Stein mit Meer- oder Steinsalz, und lassen Sie ihn über Nacht in Salzwasser liegen. Betrachten Sie den Kristall, und stellen Sie sich ein weißes Licht vor, das ihn bedeckt. Stellen Sie sich vor, daß alle uner-wünschten Energien von ihm entfernt werden. Nehmen Sie den Kristall jetzt in Ihre Hände, und fühlen Sie die Energie, die er verströmt. Lenken Sie Ihre Konzentration ins Innere des Steins, und zwar so lange, wie Sie es für nötig halten. Sie können dabei auch eine Affirmation sprechen. Vielleicht denken Sie sich für jeden Ihrer Kristalle eine eigene Affirmation aus. Kristalle, die Sie für Ihre Meditationen verwenden, sollten Sie in einem speziellen Täschchen aufbewahren. Wenn Sie die Kristalle lieber täglich zu Hause oder im Büro um sich haben wollen, vergessen Sie nicht, sie von Zeit zu Zeit zu reinigen, da sich sonst negative Energie auf ihnen ablagert. Sie werden selbst am besten merken, wann das sein muß, es ist aber wahrscheinlich nötig, wenn andere Menschen sie in die Hand genommen haben. Manchen Leuten macht es nichts aus, wenn andere ihre Kristalle anfassen, aber das ist eine persönliche Entscheidung. Ich selbst bewahre die Steine, die ich nicht von anderen berührt haben möchte, in meinem Schlafzimmer auf, so daß sie nur mit meiner Energie geladen werden.

Kristalle sind etwas Ästhetisches, so daß Sie sich vielleicht auch deshalb mit ihnen umgeben, weil Ihnen ihr Anblick gefällt. Sie müssen auch nicht unbedingt mehr mit ihnen machen, denn schon sie zu Hause oder im Büro um sich zu haben, bringt ein bißchen Schönheit in Ihren Alltag.

Die folgende Liste stellt eine Auswahl von Kristallen und ihre magischen Eigenschaften vor. Daraus können Sie die passenden Steine für Ihre ganz persönlichen Rituale wählen.

ACHAT: FÜR ERFOLG UND GLÜCK

AMETHYST: HILFT GEGEN ABHÄNGIGKEIT, MILDERT STRESS, ZIEHT DAS GLÜCK AN UND STÄRKT DAS VERANTWORTUNGSGEFÜHL

AVENTURIN: REGT DIE KREATIVITÄT AN

BLUTSTEIN: BESITZT HEILENDE UND MAGISCHE KRÄFTE FÜR REINIGENDE ENERGIE

FLUORIT: EIN KATALYSATOR FÜR SPIRITUELLES WACHSTUM UND EIN TRAUMSTEIN

HÄMATIT: EIN WICHTIGER STEIN, UM KRANKHEIT AUS DEM KÖRPER ZU VERTREIBEN

JADE: EIN KONTEMPLATIVER STEIN FÜR ÜBERFLUSS, HEILUNG UND REICHTUM

LAPISLAZULI: FÜR SELBSTLOSE LIEBE UND MITGEFÜHL, ERFOLG UND TALENT

MONDSTEIN: EIN NÄHRENDER STEIN, INSPIRIERT ZU ZÄRTLICHER LIEBE

PERLMUTT: STEHT FÜR VERBORGENES WISSEN UND GEDULD

DURCHSICHTIGER QUARZ: FÜR KLARHEIT, MUT, SCHUTZ UND FRIEDLICHEN SCHLAF

ROSENQUARZ: FÜR LIEBE, FREUNDSCHAFT UND MITLEID MIT SICH SELBST UND ANDEREN

ROTER JASPIS: EIN SCHÜTZENDER STEIN, DER DIE EINSTELLUNG ZUR SCHÖNHEIT POSITIV BEEINFLUSST

SODALITH: ZUM SCHUTZ

TÜRKIS: ZUM SCHUTZ

ZITRIN: STEHT FÜR ORDNUNG IM ORGANISATORISCHEN UND PERSÖNLICHEN SINN, FÜR ÜBERFLUSS; HILFE GEGEN ALPTRÄUME

Affirmation und die Macht der Krä

KRISTALLE LADEN

Im folgenden erfahren Sie, welcher Tag am geeignetsten ist, um einen bestimmten Kristall mit Ihren Wünschen zu laden und ihn zusammen mit Kerzen und Dekor für kleine Rituale zu nutzen. Wählen Sie den Tag und den Kristall, der Ihren Wünschen am genauesten entspricht.

MONTAG

PLANET: Mond – um die Intuition des jeweiligen Selbst zu stärken
KERZE: weiß
KRISTALL: Mondstein
ÖL: Lavendelöl
RITUAL: Plazieren Sie, wie bei einem kleinen Altar, den Kristall vor die Kerze. Parfümieren Sie die Kerze mit dem Duftöl und zünden Sie sie an. Rufen Sie die Göttin der Intuition an und bitten Sie sie um Hilfe, die weibliche Energie im Gleichgewicht zu halten.

DIENSTAG

PLANET: Mars – für Stärke beim Setzen von Zielen und Motivation
KERZE: grün
KRISTALL: Roter Jaspis
ÖL: Kiefernöl
RITUAL: Legen Sie den Kristall vor die Kerze. Parfümieren Sie die Kerze mit dem Öl und entzünden Sie sie. Vollziehen Sie dieses Ritual, wenn Sie Ermutigung brauchen und meditieren Sie im Schein der Kerze.

MITTWOCH

PLANET: Merkur – hilft bei Kommunikationsproblemen und steigert die Lern- und Studierfähigkeit

KERZE: violett

KRISTALL: Zitrin

ÖL: ätherisches Zitronenöl

RITUAL: Legen Sie den Kristall vor die Kerze. Aromatisieren Sie die Kerze mit dem Öl und zünden Sie sie an. Tragen Sie den Stein in Ihrer Tasche mit sich, wenn Sie mit Leuten verhandeln oder lernen müssen.

DONNERSTAG

PLANET: Jupiter – um Ihr Streben auf künftigen Reichtum, Erfolg und Glück zu richten

KERZE: grün

KRISTALL: Jade

ÖL: Muskatöl

RITUAL: Parfümieren Sie den Kristall mit dem Duftöl. Legen Sie den Stein vor die Kerze und zünden Sie sie an. Wenden Sie dieses Ritual an, wenn Sie in materiellen Nöten sind. Bewahren Sie den Stein an einem gut sichtbaren Platz auf.

FREITAG

PLANET: Venus – Rat in Liebesangelegenheiten

KERZE: rosa

KRISTALL: Rosenquarz

ÖL: Rosenöl

RITUAL: Parfümieren Sie den Kristall mit dem Rosenöl. Legen Sie den Stein vor die Kerze und entzünden Sie sie. Widmen Sie den Kristall der Fähigkeit, Ihnen und anderen in allen Arten von Beziehungen Einfühlungsvermögen zu geben.

SAMSTAG

PLANET: Saturn – um Gleichgewicht und Geduld durch innere Weisheit zu erlangen

KERZE: blau

KRISTALL: Sodalith

ÖL: Patschuliöl

RITUAL: Legen Sie den Kristall vor die Kerze. Geben Sie das Öl in eine Duftlampe und entzünden Sie die Kerze. Zünden Sie die Lampe mit dem Öl vor dem Schlafengehen an, und es wird Ihnen helfen, um innere Weisheit zu bitten.

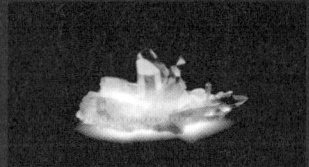

SONNTAG

PLANET: Sonne – um Freude und Frieden auszustrahlen

KERZE: gelb

KRISTALL: Tigerauge (Krokydolith)

ÖL: Zedernöl

RITUAL: Parfümieren Sie den Kristall mit dem Öl und legen Sie ihn vor die Kerze. Zünden Sie die Kerze an, und weihen Sie sie der Freude und dem Frieden. Verschenken Sie ein paar Tigeraugen an Freunde und Fremde, um Freude und Frieden zu verbreiten.

Erfinden Sie eigene Rituale, Ihre Kristalle zu widmen und zu weihen, und verwenden Sie dabei eigene Wünsche und Affirmationen, so daß diese Rituale für Sie eine ganz persönliche Bedeutung bekommen. Die genannten Beispiele sind nur eine winzige Auswahl der unzähligen Möglichkeiten, die Ihnen und Ihrer Fantasie offenstehen.

Ziel dieses Rituals ist es, für ein Paar einen besonderen Raum zu schaffen, in dem es über seine Gefühle sprechen und eventuelle Probleme oder Unstimmigkeiten in der Beziehung bereden kann.

Bestimmen Sie feste Zeiten, zu denen Sie regelmäßig offen und ehrlich mit Ihrem Partner reden wollen. Wenn es etwas Dringendes gibt, sollten Sie sich unabhängig davon bei der nächsten Gelegenheit für dieses Ritual treffen.

Schalten Sie den Anrufbeantworter ein oder hängen Sie das Telefon aus. Schaffen Sie die sichere, magische Atmosphäre, die Sie für dieses Ritual benötigen. Ein besonderer Teppich, auf den Sie sich setzen, ist vielleicht schon alles, was Sie dazu brauchen.

Weitere nützliche Utensilien sind:
Kissen
Kristalle Ihrer Wahl (siehe Liste S. 27)
Räucherwerk Ihrer Wahl
Getränke, z.B. Wein, Sekt oder Fruchtsaft
Essen, z.B. Obst oder kleine Häppchen, die Sie teilen oder mit denen Sie sich gegenseitig füttern können,
eine magische Kerze (die Farbe sollten Sie zusammen nach der Liste auf S. 24-25 auswählen),
einen besonderen Kerzenleuchter
weitere Dekoration Ihrer Wahl, z.B. Blumen oder Pflanzen

Lassen Sie leise, entspannende Musik im Hintergrund laufen. Arrangieren oder dekorieren Sie den Raum nach Ihren Wünschen.

Bei diesem Ritual sollten sich die Partner gegenübersitzen, die brennende Kerze zwischen sich. Wer auch immer beginnen will, sollte nach der Kerze greifen und sich dabei darauf besinnen, was er sagen möchte. Der andere sollte einfach nur zuhören und erst sprechen, wenn er für seine Antwort die Kerze übernimmt. Vergessen Sie nie, daß jedes Problem zwei Seiten hat.

Derjenige, der die Kerze hält, spricht direkt zu ihr, erzählt der Kerze, wie er die Situation sieht, was er dabei und dem Partner gegenüber fühlt und alles, was er sonst noch sagen möchte. Beide Partner sollten aufrichtig, ehrlich und in Liebe sprechen.

Dies ist ein sehr wirkungsvolles Ritual, um die tiefen Gefühle für den Partner zu verstärken, aber auch um Schwierigkeiten zu beseitigen und bisher Unausgesprochenes zu sagen. Die Gefühle werden wie an eine dritte Person gerichtet erzählt, während der Partner einfach nur zuhört. Auf diese Weise werden alle Probleme aus der Beziehung herausgenommen. An dieser gemeinsam erlebten Situation können beide aus unterschiedlicher Perspektive arbeiten, ohne dabei Scham, Kränkung oder Selbstverleugnung erleben zu müssen. Wenn derjenige, der zuerst das Wort ergriffen hat, mit seinen Ausführungen zu Ende ist, stellt er die Kerze wieder in die Mitte zurück. Nun nimmt sie der andere und beginnt zu sprechen, während der Partner nun die Rolle des Zuhörers übernimmt. Dieses Ritual läßt sich auch mit anderen Zeremonien und Segenssprüchen kombinieren.

ZAUBERSÄCKCHEN

Zauberbeutelchen, Talisman und Amulett wurden in den meisten Zaubertraditionen schon immer verwendet, da sie die einfachste Form der Erdmagie darstellen. Unter den Bezeichnungen Wanga, Gris-Gris, Mojo Bags oder Putsi-Pockets findet man Zaubersäckchen auf der ganzen Welt, es gibt sie bei den australischen Aborigines, den amerikanischen Indianern, afrikanischen Voodoo-Gemeinden und auch in den meisten europäischen Kulturen. Überall füllt man die Beutelchen mit starkenden Ingredienzen, die Gesundheit, Glück oder Schutz geben sollen. Die Säckchen werden entweder von dem getragen, der sie angefertigt hat, oder anderen gegeben, die sie gut sichtbar tragen oder plazieren.

Solche Zauberbeutelchen können die verschiedensten Zutaten enthalten; die Liste auf S. 36 soll Ihnen helfen, die für Ihre Zwecke geeignetsten auszuwählen. In manchen Kulturen werden unter anderem Tierknochen verwendet, auf die ich in meiner Aufzählung allerdings verzichtet habe.

Die Farbe des Beutelchens selbst hilft, die Energien zu verstärken, derer Sie sich bedienen wollen. Die folgenden Farbvorschläge (siehe S. 34 bis 35) sollen Ihnen nur als Orientierungshilfe dienen. Im Zweifelsfall hören Sie am besten auf Ihre innere Stimme: Wenn sie Ihnen sagt, daß die von mir vorgeschlagene Farbe nicht die richtige ist, dann hören Sie ruhig auf sie, denn Ihre Intuition hat immer recht.

Fast alles kann man als Talisman zum Schutz tragen: einen Beutel, einen Stein, eine Feder oder alles zusammen. Der geläufigste Talisman ist ein Säckchen, in dem ein paar solcher Zutaten stecken. Das Beutelchen kann rund oder herzförmig sein, aber auch jede andere beliebige Form haben.

Ein einfaches Täschchen können Sie aus einem quadratischen Stück Stoff anfertigen, das groß genug sein sollte, um ein paar magischen Dingen Platz zu bieten (z. B. 15 mal 15 Zentimeter). Doch ist auch jede andere Größe, die Ihnen angemessen erscheint, denkbar. Nähen Sie den Stoff zusammen und verzieren Sie ihn nach Belieben. Bevor Sie sich für die endgültige Form entscheiden, mischen Sie alle Zutaten und lenken Sie Ihre ganze Konzentration auf die Liebe, das Glück oder was auch immer Sie sich

von diesem Talisman erwarten. Binden Sie das Säckchen dann mit einem Stückchen Schnur oder Band sehr fest zusammen, damit nichts herausfällt. Verschließen Sie es jedoch so, daß Sie es auch wieder öffnen können, z.B. um ein geeigneteres Duftöl hinzuzufügen.

Um das Zaubersäckchen auch zu dem Ihren zu machen, setzen Sie sich still hin und stellen Sie sich vor, wie es sich anfühlt, das, worum Sie gebeten haben, schon zu besitzen. Visualisieren Sie Ihren Wunsch und geben Sie sich der Gewißheit hin, daß Sie bekommen werden, was Sie brauchen. Nehmen Sie dann das Säckchen in Ihre Hände und riechen Sie daran, während Sie sich Ihren Wunsch bildlich vorstellen. Tun Sie dies täglich oder sooft Sie es für nötig halten. Jedesmal wenn Sie das Säckchen sehen, wird es Sie an Ihren Wunsch erinnern.

Machen Sie nur einen Talisman auf einmal, da Sie sich auf einen Punkt konzentrieren sollten, sonst wird Ihre Absicht, Ihr Wunsch an Intensität und Klarheit verlieren. Magie funktioniert nur, wenn Sie Ihre ganze Kraft in einen Wunsch legen. Beherzigen Sie, daß Sie darüber nachdenken müssen, was Sie wollen und brauchen, da Sie alles erreichen können, worauf Sie Ihren Willen lenken. Vergessen Sie nie, vorsichtig zu sein mit dem, wonach Sie verlangen.

FARBEN FÜR ZAUBERSÄCKCHEN

Die folgende Liste liefert Ihnen Vorschläge für die Farbe, die der Stoff Ihres Zauberbeutelchens haben könnte. Das Material sollte auf jeden Fall ein Naturprodukt, d.h. Leder, Seide oder eine andere Naturfaser sein.

SCHWARZ: ABSORPTION UND ZERSTÖRUNG VON NEGATIVITÄT UND WIEDERGEBURT DES GEISTES

BLAU: SCHUTZ, HEILUNG, GEDULD, SCHLAF UND MITLEID

BRAUN: HEILUNG FÜR TIERE UND SCHUTZ FÜR DAS ZUHAUSE

GRÜN: GLÜCK, FRUCHTBARKEIT, HEILUNG, WACHSTUM, ARBEIT UND KOOPERATION

ORANGE: JURISTISCHE ANGELEGENHEITEN, ERFOLG, ANZIEHUNG UND LIEBENSWÜRDIGKEIT

ROSA: GEFÜHLVOLLE LIEBE UND DAS ÜBERWINDEN VON ÄRGER

VIOLETT: REICHTUM, MACHT, PSYCHISCHE KRÄFTE UND STÄRKUNG DES WILLENS

ROT: LEIDENSCHAFT, SINNLICHE LIEBE, STÄRKE, MUT, ENTHUSIASMUS, FÖRDERUNG VON GESUNDHEIT UND LEBENSKRAFT

WEISS: FRIEDEN, WAHRHEIT, DAS BEENDEN VON KLATSCH; REINHEIT UND DAS ENTKRÄFTEN VON VERWÜNSCHUNGEN

GELB: FREUNDSCHAFT, WEISHEIT, GLÜCK, FREUDE, SORGT FÜR VERTRAUEN UND BESCHEIDENHEIT

Wenn Sie eine Farbe verwenden wollen, die hier nicht aufgelistet ist und deren magische Wirkung Sie nicht kennen, verleihen Sie der Farbe einfach selbst die Bedeutung, die Sie Ihrem Wunsch nach haben soll. Dies ist dann sogar ein besonders wirkungsvoller Zauber, weil Sie ihn mit Ihrer eigenen Intuition geschaffen haben. So ist auch die Farbmagie entstanden, als Menschen die Erfahrungen sammelten und weitergaben, die sie mit bestimmten Farben gemacht hatten.

DIE RICHTIGEN TAGE ZUR ANFERTIGUNG VON ZAUBERSÄCKCHEN

Wenn Sie Ihren Talisman an einem bestimmten Tag anfertigen, wird das seine Wirkungskraft und Ihre Konzentration erhöhen.

SONNTAG: VERKÖRPERUNG DER **SONNE** – GLÜCK, NEUANFÄNGE, HOFFNUNG

MONTAG: VERKÖRPERUNG DES **MONDES** – TRÄUME

DIENSTAG: VERKÖRPERUNG VON **MARS** – EHE

MITTWOCH: VERKÖRPERUNG VON **MERKUR** – KOMMUNIKATION

DONNERSTAG: VERKÖRPERUNG VON **JUPITER** – FREUDE, REICHTUM, WOHLSTAND

FREITAG: VERKÖRPERUNG VON **VENUS** – LIEBE, FREUNDSCHAFT

SAMSTAG: VERKÖRPERUNG VON **SATURN** – LEBENSPLANUNG, SCHUTZ

Die folgenden Zutaten für Ihr Zauberbeutelchen oder Ihren Talisman können Sie in Form von getrockneten Kräutern oder Pflanzenteilen oder ätherischen Ölen verwenden. Jedes Kraut steht für eine bestimmte Wirkung, wählen Sie also nach Ihren jeweiligen Bedürfnissen aus der folgenden Liste.

GESUNDHEIT: THYMIAN, MINZE, HOPFEN, EUKALYPTUS, LÖWENZAHN, KÜRBISKERNE, MUTTERKRAUT, ALRAUNWURZEL, ZITRONE, KIEFER UND LORBEERBLATT

LIEBE: BASILIKUM, SCHAFGARBE, VEILCHENWURZEL, MYRTE, ROSMARIN, THYMIAN, INGWER UND KAMILLE (WEITERE PFLANZEN SIEHE LIEBES-TALISMANE, S. 57)

GLÜCK: ALFALFA-SAMEN, BASILIKUM, SENFKÖRNER, INGWER, ROSMARIN, ZITRONE, ANIS, STECHPALME UND MAIS

GELD: KLEE, THYMIAN, SONNENHUT (ECHINACEA), HUFLATTICH, PIMENT, MANDELN, BERGAMOTTE, JASMIN, ZIMT, DILL, HOLUNDER, INGWER, IRISCHES MOOS UND MUSKATNUSS

SCHUTZ: KNOBLAUCH, BASILIKUM, LORBEERBLATT, WEIHRAUCH, JOHANNISKRAUT, WEINBLÄTTER, KÜMMELSAMEN, SALBEI, ROSMARIN, EISEN, SANDELHOLZ, HEIDEKRAUT, KIEFER, EFEU, ALRAUNWURZEL, WACHOLDERBEEREN, SONNENBLUMENKERNE UND GEISSBLATT

REINIGUNG: MUSKATELLERSALBEI, ZEDERNHOLZ, SÜSSGRÄSER, LAVENDEL, ZITRONE UND LIMONE

ERFOLG: ZIMT, IRISCHES MOOS, EISENKRAUT, MOHNSAMEN UND GEISSBLATT.

SYMBOLE

Symbole dienen dazu, Ihrem Zaubersäckchen oder Talisman zusätzliche Energie zu verleihen. Im folgenden stelle ich Ihnen eine kleine Auswahl der gängigsten magischen Symbole vor.

Es steht Ihnen frei, die Bedeutung der Symbole, die Sie verwenden, selbst festzulegen, da für Sie nur zählt, was Sie selbst den Symbolen zumessen, was Sie selbst in sie hineinlegen. Sie könnten sich ein Verzeichnis Ihrer Symbole mit ihren ganz speziellen Bedeutungen anlegen. Das Geheimnis eines Symbols offenbart sich nur denen, die mit ihm arbeiten.

Jedes Symbol muß irgendwie belebt werden. So können Sie zum Beispiel Ihre Symbole auf Papier aufzeichnen oder aus Ton formen. Lassen Sie Ihre Fantasie spielen und überlegen Sie sich, wie Sie sie verkörpern wollen. Eine andere Möglichkeit, Symbole zum Leben zu erwecken, ist, alte Zeitschriften nach Abbildungen von diversen Symbolen durchzublättern. Diese Bilder können Sie dann verwenden, um daraus eine Schatzkarte oder Collage Ihrer Wünsche zusammenzustellen. Hängen Sie sie so auf, daß Sie sie täglich sehen. Die Karte wird Sie an Ihre Wünsche erinnern und Ihre Konzentration darauf lenken. Sie können die Symbole auch in ein Zaubersäckchen geben und am Körper tragen, um sich mit ihrer Energie zu stärken.

ANKER: RETTUNG UND HOFFNUNG

BIENE: ERFOLG IM BERUF

BUCH: WEISHEIT

DRACHE: STRENGE, SELBSTDISZIPLIN, FREUDE, GESUNDHEIT, FRUCHTBARKEIT UND ABWENDUNG DES BÖSEN

EICHEL: WAHRE LIEBE

EULE: WEISHEIT UND LERNERFOLG

FLÜGEL: ENERGIEDIMENSIONEN, DIE UNS AUF UNSEREM FLUG ZU UNSEREM URSPRUNG UND ZUR LIEBE LEITEN

HERZ: DIE VERBINDUNG ZUR LIEBE, DIE HARMONIE, FREUDE UND LEIDENSCHAFT INS LEBEN BRINGT

HONIG: FRUCHTBARKEIT UND ÜBERFLUSS

KERZEN: DIE SUCHE NACH LICHT, UM DIE DUNKELHEIT ZU VERTREIBEN

KIEFERNZAPFEN: MÄNNLICHKEIT UND NEUANFÄNGE

KREUZ: GLAUBE AN EINE IDEE

MEERJUNGFRAU: IDEALISIERTE UND SCHWER FASSBARE WEIBLICHE SCHÖNHEIT

MÜNZEN: REICHTÜMER, GLÜCK UND GELD

MUSCHEL: SCHÜTZENDE STRUKTUREN, SEXUELLE LEIDENSCHAFT UND GLÜCK

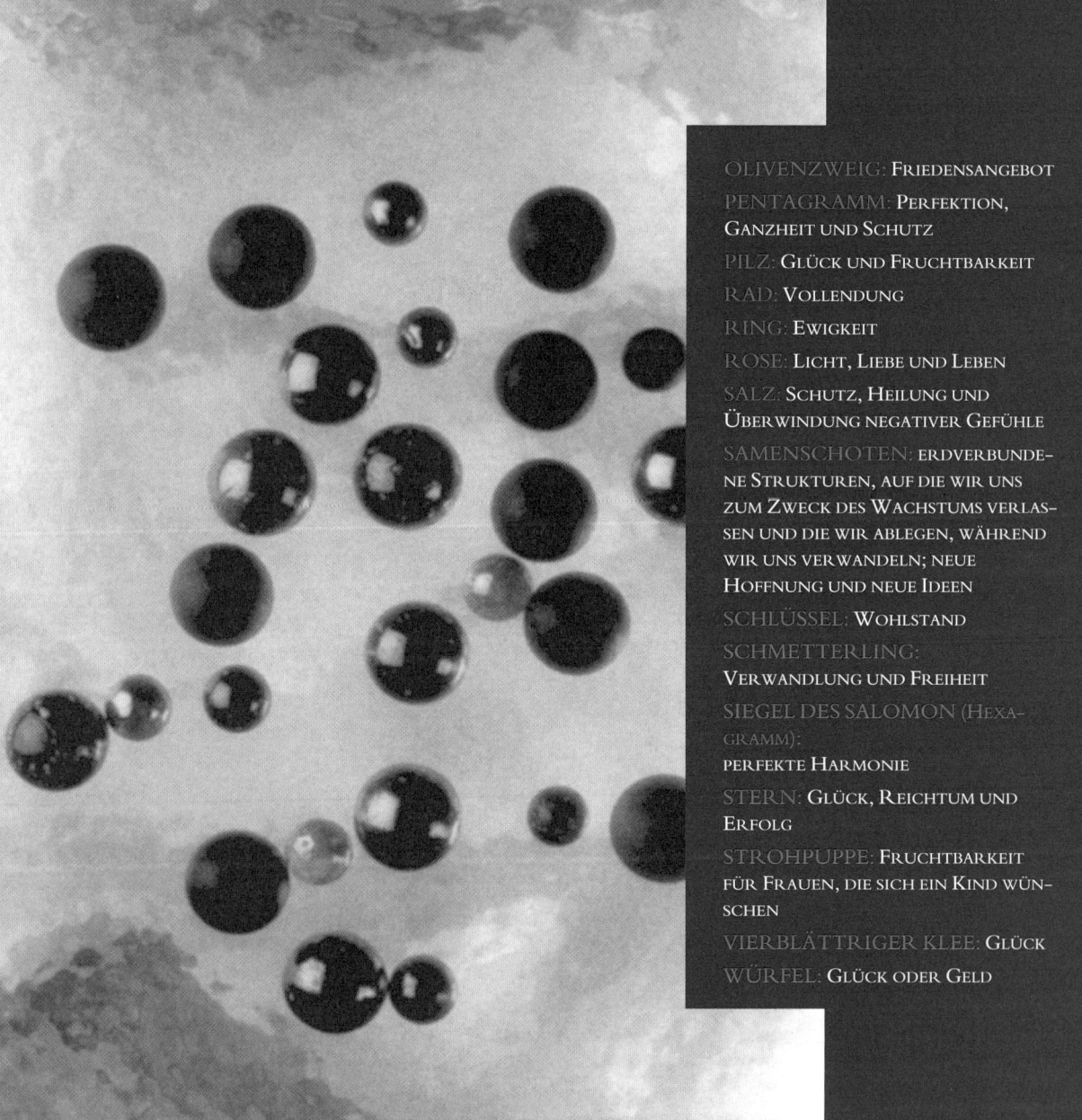

OLIVENZWEIG: Friedensangebot

PENTAGRAMM: Perfektion, Ganzheit und Schutz

PILZ: Glück und Fruchtbarkeit

RAD: Vollendung

RING: Ewigkeit

ROSE: Licht, Liebe und Leben

SALZ: Schutz, Heilung und Überwindung negativer Gefühle

SAMENSCHOTEN: erdverbundene Strukturen, auf die wir uns zum Zweck des Wachstums verlassen und die wir ablegen, während wir uns verwandeln; neue Hoffnung und neue Ideen

SCHLÜSSEL: Wohlstand

SCHMETTERLING: Verwandlung und Freiheit

SIEGEL DES SALOMON (Hexagramm): perfekte Harmonie

STERN: Glück, Reichtum und Erfolg

STROHPUPPE: Fruchtbarkeit für Frauen, die sich ein Kind wünschen

VIERBLÄTTRIGER KLEE: Glück

WÜRFEL: Glück oder Geld

Federn symbolisieren den Großen Geist. Jede Farbe hat ihre eigene Bedeutung.

BLAU: Frieden, Heilung und Liebe, um unsere Tage zu beleben

GRÜN: Geld, Wachstum und ein abenteuerlustiger Liebhaber

ROT: Mut und Glück

WEISS: Reinigung, Hoffnung und das Erkennen der Wahrheit über Ihren Geliebten

GELB: Intelligenz, Segen und die Entlarvung eines untreuen Geliebten

Runen:

 GESUNDHEIT

 JURISTISCHE ANGELEGENHEITEN

 LIEBE

 GLÜCK

 SCHUTZ

 REICHTUM UND GELDVERMEHRUNG

DIE HIMMELSSTEINE

Wahrsagen ist die magische Kunst, das Unbekannte zu entdecken, indem man zufällige Muster oder Symbole interpretiert. Dieses Kapitel wird Ihnen zeigen, wie Sie sich Ihr eigenes Wahrsageset zusammenstellen können.

Sammeln Sie zum Beispiel an den Strand gespülte Glasstücke von möglichst ähnlicher Größe. Wenn Sie keine Glasstückchen haben, können Sie auch Ton- oder Holzstücke verwenden.

Als nächstes brauchen Sie etwas Bastelfarbe in Ihrem Lieblingsfarbton. Ich persönlich verwende am liebsten Gold, aber die Wahl steht Ihnen absolut frei. Nun malen Sie die Symbole, die die Planeten repräsentieren, jeweils auf ein Stückchen Glas, Ton oder Holz. Die entsprechenden Symbole der einzelnen Planeten finden Sie in der Liste auf der nächsten Seite.

Legen Sie sich ein Büchlein mit Ihren Symbolen und Bedeutungen an. Vielleicht nehmen Sie eines mit handgeschöpftem oder farbigem Papier. Schreiben Sie die Erläuterungen von Seite 41 hinein und malen Sie die entsprechenden Symbole daneben. Die Worte, die ich gewählt habe, sollen Ihnen nur als Orientierung dienen; Sie sind es, der sie für sich interpretieren muß. Die beste Art, Ihre Wahrsage-Utensilien zu verwenden, ist, sich eine Frage zu stellen, dann blind einen Stein zu ziehen und sein Symbol entsprechend zu interpretieren.

Ihre Steine können Sie entweder in einem Säckchen aufbewahren(ein selbstgemachtes ist am besten) oder in ein Stückchen Stoff wickeln (am besten Seide). Sie können den Stoff auch dazu benutzen, die Steine darauf auszubreiten, während Sie sie interpretieren. Nachdem Sie eine Weile für sich selbst wahrgesagt haben, möchten Sie es vielleicht auch einmal für Freunde oder Ihre Familie tun. Folgen Sie auch dann Ihrer Intuition bei der Auslegung jedes Symbols, da Sie so die besten Ergebnisse und die größte Genauigkeit erzielen.

☉ DIE SONNE

Sie steht für entschlossenes Vorgehen, Willenskraft, die Fähigkeit zu handeln oder mit Hilfe von Charisma Erkenntnisse zu gewinnen.

☾ DER MOND

Er steht für Gefühle, Reisen, Versöhnung, die Fähigkeit, für einen geliebten Menschen zu sorgen, die weibliche Energie zu nutzen, um Einsichten zu gewinnen, Träume niederzuschreiben, Zeit mit sich selbst zu verbringen.

☿ MERKUR

Er steht für Kommunikation, die Künste, die Notwendigkeit, eine nicht eingehaltene Vereinbarung in Ordnung zu bringen, Reisen, Selbsterkenntnis und Verspieltheit.

♀ VENUS

Sie bezeichnet das Ausmass von Liebe, Frieden und Harmonie. Die Fähigkeit, sich anmutig, charmant, freundlich, tolerant und diplomatisch zu verhalten.

♄ SATURN

Er symbolisiert Disziplin, Strukturiertheit, Schlaf, die Notwendigkeit zur Bescheidenheit, den Wunsch nach Reinigung des Zuhauses oder Einsamkeit und Herausforderungen.

♂ MARS

Er steht für dynamische Energie, Mut und Erfolg. Nutzen Sie Ihren momentanen Schwung sinnvoll und schreiten Sie zur Tat.

♃ JUPITER

Er repräsentiert Humor, Reichtümer, Meditation und Gesundheit. Ihre Leidenschaften werden Ihnen den Weg zu einer neuen Chance weisen. Kaufen Sie sich ein Lotterielos.

♅ URANUS

Er bezeichnet Veränderung, Einsicht und Bewusstheit. Fragen Sie Ihre innere Stimme, was sich ändern sollte. Machen Sie etwas aus Ihren kreativen Impulsen.

♆ NEPTUN

Er steht für das Unterbewusstsein, Geheimnisse, verborgene Dinge, die Fähigkeit, eine Sachlage zu klären, und für Sensibilität.

♇ PLUTO

Er bedeutet Ihnen, nachsichtig mit sich selbst zu sein, denn er ist der Planet, der für grössere Veränderungen, Wiedergeburt und Schöpfung steht. Lassen Sie besonders hier Ihre Intuition sprechen.

RITUALE

GABEN DER ERDE

die Macht der Kräuter und Symbole

KAPITEL EINS LIEBE — LIEBE IN UNS SELBST

»Liebe ist die Antwort.«

LIEBE UND MAGIE

Liebe an sich ist eine Form der Zauberei, die nicht nur die Liebenden selbst verändert und elektrisiert, sondern auch die Menschen in ihrer Umgebung. Magie kann mit einem Augenzwinkern Veränderungen bewirken, sie ist allerdings kein Ersatz für echtes Wachsen der Persönlichkeit und Weiterentwicklung. Beide sind aber notwendig, um eine Liebesbeziehung gedeihen zu lassen, denn nur ein Mensch, der sich wahrhaftig darauf einläßt, kann eine Beziehung von Dauer haben.

Liebe wird oft mißverstanden, und manchmal haben wir das Gefühl, daß sie etwas außerhalb unseres Selbst ist. Wenn wir so empfinden, werden wir niemals wirklich glücklich sein, da die wahre Liebe gerade in uns selbst sein muß. Und wenn wir sie nicht in uns selbst suchen, werden wir sie nie finden. Das Gefühl, das wir haben, wenn wir uns zu jemand hingezogen fühlen, ist so überwältigend: Es sorgt dafür, daß wir bereit sind, »alles für die Liebe zu tun«. Dieses Gefühl ist wunderschön, aber die Probleme entstehen dann, wenn wir glauben, Liebe nur von diesem anderen Menschen zu bekommen, zu dem wir uns hingezogen fühlen, und wir uns deshalb nur in der Nähe dieses Menschen wohlfühlen. Wenn wir das glauben, schneiden wir uns von einer Energiequelle ab, die man universelle Liebe nennen könnte, und die aus unserem Inneren kommt. An diesem Punkt beginnen wir, andere Menschen oder Situationen zu manipulieren oder zu kontrollieren, und wir finden alles, nur keine Liebe.

Beim Vollziehen von Liebesritualen sollten Sie sich immer vergegenwärtigen, daß Sie das für sich selbst tun und zwar um Verbindung mit der Liebe, die in Ihnen steckt, aufzunehmen. Wenn Sie einen Zauberspruch sagen und einen Talisman herstellen, sollten Sie Spaß daran haben, da die Leichtigkeit des Herzens sehr wichtig ist, um den Moment zu genießen und die richtige Energie aufzubringen, um neues Leben zu erzeugen. Die folgenden Rituale sind für all jene gedacht, die sich ein Leben voller Liebe wünschen.

DER SPIEGEL DER VENUS - LIEBE IN UNS FINDEN

Das Wesentliche dieses Rituals ist, daß Sie spüren, wie der Zauber der Liebe, die Sie in sich tragen, verströmt und Ihnen Auftrieb gibt.

Diese Rituale sind für Leute gedacht, die wirklich Liebe erfahren wollen, jeden Tag und auf jede erdenkliche Weise. Für alle, die mit ihrem inneren Selbst in Verbindung treten wollen.

Dies ist unser erster wirklicher Schritt zur Selbstliebe. Jeder von uns hat in seinem Wesen männliche und weibliche Seiten, und wir müssen lernen, mit all diesen Aspekten unseres Selbst zurechtzukommen, und aufhören, diese Wesenszüge auf potentielle Partner zu projizieren. Je glücklicher wir mit uns selbst sind, desto eher können wir auch jemand anderem ein besserer Partner sein. Es mag seltsam klingen, aber wenn Sie ernsthaft darüber nachdenken, werden Sie einsehen, daß man keine liebevolle Beziehung haben kann, wenn man sich selbst seine Herzenswünsche verwehrt. Wir müssen daran arbeiten, uns zu lieben, wie wir sind, ohne uns zu verurteilen. Wir müssen damit anfangen, zu akzeptieren wer oder was wir sind, wie wir aussehen usw. Damit das funktionieren kann, müssen wir uns nur unser begrenztes Vertrauen, unsere beschränkten Überzeugungen vor Augen führen, sie könnten der Grund sein, warum wir die Liebe zu uns selbst oder die eines Partners entbehren.

Der erste Schritt dieses Rituals ist, daß Sie sich in Ihrem Leben umsehen und sich der Dinge bewußt werden, die Sie ändern und/oder verbessern wollen. Dann stellen Sie einen Spiegel so auf, daß Sie sich davorsetzen und sich selbst darin betrachten können. Stellen Sie sich Fragen darüber, wer Sie jetzt sind und wie Sie mit sich selbst umgehen.

HIER EIN PAAR FRAGEN, DIE SIE SICH VIELLEICHT STELLEN MÖCHTEN:

1. NEHME ICH MIR ZEIT, MICH SELBST UND MEINEN KÖRPER MIT SORGFALT ZU HEGEN UND ZU PFLEGEN?

2. FÜHLE ICH MICH IN MEINEM KÖRPER UND IN MEINER UMGEBUNG WOHL?

3. VERWÖHNE ICH MICH MANCHMAL SELBST?

4. IST MEIN LEBEN VOLLER ENERGIE?

5. MACHEN MANCHE DINGE UND MANCHE MENSCHEN MICH TRAURIG?

Hören Sie genau auf die Antworten, die Sie sich geben – erlauben Sie Ihrer inneren Schönheit nach außen durchzudringen. Denken Sie darüber nach, wie Sie einige Ihrer Grundsätze ändern könnten, die verhindern, daß alle Ihre Bedürfnisse erfüllt werden. Sie müssen Ihr Herz öffnen und die Liebe in Ihrem Inneren freilassen. Folgen Sie den nächsten Schritten (S. 45 bis 49), die Ihnen helfen, einen neuen Weg zu finden, sich selbst Gutes zu tun.

LIEBESWOCHE

Führen Sie während der Liebeswoche ein Tagebuch, in dem Sie die Einsichten niederschreiben, die Sie bei den folgenden Übungen gewinnen. Diese Woche ist nur für Sie allein gedacht. Sie soll Ihnen Spaß machen und voller Liebe sein, aber die einzige Person, die bestimmt, wie sie verlaufen wird, sind Sie. Fassen Sie den Entschluß, etwas Verantwortung dafür zu übernehmen, wie Ihr Leben verläuft, und dafür, es zum Guten zu verändern.

ERSTER TAG

Stehen Sie vor Sonnenaufgang auf und suchen Sie einen heiligen Ort oder einen Park in der Nähe auf (im Prinzip ist jeder irgendwie besondere und friedvolle Platz dafür geeignet). Erleben Sie dort das Wunder der Wiedergeburt des Tages. Suchen Sie sich einen Fleck, an dem Sie sich hinsetzen und darüber nachdenken können, wie wunderschön das Leben ist. Denken Sie nur an positive Dinge – wenn Ihnen ein negativer Gedanke in den Sinn kommt, bitten Sie ihn einfach, wieder zu gehen. Begeben Sie sich in Gedanken in eine Zeit oder an einen Ort, als Sie sich gut gefühlt haben. Das kann auch der Ort sein, an dem Sie sich in diesem Augenblick befinden. Visualisieren, riechen und fühlen Sie diese Umgebung, stellen Sie sich vor, wie es sich anfühlt, ein Baum zu sein, der Himmel oder irgend etwas, nur nicht Sie selbst. Geben Sie sich die Gewißheit, in allem, was Sie tun, beschützt zu sein.

Jetzt ist es Zeit für Sie, eine Affirmation niederzuschreiben, mit der Sie die Woche beginnen können, zum Beispiel »Mein Leben ist erfüllt von Liebe, Freude und Glück.« Ihre eigenen Worte sind am wirkungsvollsten, sitzen Sie deshalb still und erspüren Sie die richtige Formulierung. Tragen Sie die Affirmation die ganze Woche hindurch bei sich, und betrachten Sie sie täglich. Vielleicht schreiben Sie sie auf ein Stück Karton und hängen es an einer Stelle auf, wo Sie es jeden Morgen sehen.

Fahren Sie, falls möglich, ans Meer, wo Sie den Glanz der auf- oder untergehenden Sonne in sich aufnehmen können. Machen Sie sich klar, daß – was auch immer Ihre Schwächen und Probleme sein mögen – Sie ein Licht für die Welt sind.

ZWEITER TAG

Entspannen Sie sich als erstes an diesem Morgen mit einer Tasse der folgenden Teemischung:

Nehmen Sie eine Handvoll Kamillenblüten (um Ihren Geist zu beruhigen) und eine Handvoll Jasmintee (um Verbindung mit Ihrem Geist aufzunehmen). Bringen Sie einen halben Liter Quell- oder gefiltertes Wasser zum Kochen und überbrühen Sie die Blüten und den Tee damit. Nach Geschmack mit Honig oder Zucker süßen und mit etwas Zitronensaft abschmecken. Während Sie den Tee bereiten, visualisieren Sie, wie Sie von weißem Licht erfüllt werden und so mit Ihrem ganzen Körper Fühlung aufnehmen. Denken Sie liebevolle Dinge darüber, wie Sie Ihren Körper unterstützen und daß Ihr Körper Ihre Stärke ist. Während Sie den heilenden Tee schlückchenweise trinken, stellen Sie sich vor, wie er Sie mit klarer Erkenntnis für den bevorstehenden Tag erfüllt und erlauben Sie der Liebe, Sie ganz zu durchdringen.

DRITTER TAG

Schicken Sie sich selbst Blumen (ja, Sie sind es wert) oder noch besser, suchen Sie einen Garten auf, in dem Sie die Blumen selbst pflücken können.

VIERTER TAG

Suchen Sie sich ein Yoga-Zentrum und beginnen Sie einen Yoga-Kurs, denn das ist eine ausgezeichnete Methode, um mit Ihrem Geist Verbindung aufzunehmen.

Oder: Schreiben Sie auf handgeschöpftes Papier Affirmationen wie »Ich liebe meinen Körper« und »Ich liebe Dich« und verteilen Sie sie überall in Ihrer Wohnung, zum Beispiel am Badezimmerspiegel oder im Schlafzimmer. Machen Sie sich keine Gedanken darüber, was andere Leute von Ihnen denken könnten. Jedesmal, wenn Sie den Eindruck haben, jemand verurteile Sie oder Sie verurteilten sich selbst, sprechen Sie folgende Affirmation zu sich selbst:

»Was andere Menschen von mir denken, ist nicht meine Sorge, nur was ich von mir selbst denke, kümmert mich.«

Was Sie zu sich selbst sagen, manifestiert sich als Ihre Einstellung zu Ihrem Leben: entweder gut oder schlecht oder indifferent. Was Sie zu sich selbst sagen, ist also ein sehr machtvoller Zauber.

FÜNFTER TAG

Schenken Sie sich selbst eine Liebeskugel.

Sie brauchen dazu:
1 mittlere bis große Orange
500 g ganze Gewürznelken
1 Eßlöffel gemahlenen Ingwer
1 Eßlöffel gemahlenen Zimt

1 Eßlöffel gemahlene Veilchenwurzel
6 rote Kerzen
½ Teelöffel Salz

Nehmen Sie die Orange in Ihre Hände und stellen Sie sich die Liebe vor, die darin steckt. Konzentrieren Sie sich weiterhin auf diesen Gedanken, während Sie die Nelken in die Orange stecken. Wie Sie die Nelken auf der Orangenschale anordnen, bleibt ganz Ihrer Phantasie überlassen. Mischen Sie die drei gemahlenen Gewürze in einer kleinen Schüssel und wälzen Sie dann die Orange darin, bis sie rundherum davon bedeckt ist. Richten Sie währenddessen Ihre Gedanken ausschließlich auf die Liebe. Lassen Sie die Orange ein paar Tage lang in der Schüssel liegen, und wälzen Sie sie immer mal wieder in der Gewürzmischung. Wenn Sie das Gefühl haben, daß sie fertig ist, nehmen Sie sie heraus und legen sie in die Mitte der sechs roten Kerzen, die Sie zu einem Kreis angeordnet haben. Wenn Sie möchten, können Sie die Kerzen noch zusätzlich mit etwas Liebesöl (siehe S. 19) parfümieren. Streuen Sie ein wenig Salz um jede Kerze. Entzünden Sie die Kerzen, visualisieren Sie die Liebe in Ihrem Leben und lassen Sie die Kerzen herunterbrennen. Der Talisman ist jetzt fertig. Schlingen Sie ein rotes Band um die Orange und hängen Sie sie so auf, daß Sie sie täglich sehen und sie Sie an die Liebe rundherum in Ihrem Leben erinnern kann.

SECHSTER TAG

Verwöhnen Sie sich selbst: Leisten Sie sich den Besuch bei einer Kosmetikerin oder gönnen Sie sich eine Gesichtsbehandlung. Dafür empfehle ich folgendes Rezept:

Schritt 1: Reinigen Sie Ihre Haut mit einer Creme auf natürlicher Basis und Wasser, dem Sie folgende Öle zugeben:

2 Tropfen Geraniumöl - für die Liebe
1 Tropfen Orangenöl - um die Stimmung zu heben
1 Tropfen Zitronenöl - um den Geist zu heilen

HOKUSPOKUS

Während Sie Ihr Gesicht damit reinigen, stellen Sie sich vor, wie lebendig sich Ihre Haut anfühlt und wie Sie Ihre alte Sichtweise von sich selbst abwaschen.

Schritt 2: Massieren Sie Ihr Gesicht sehr sanft mit einem Gesichtspeeling. Wenn möglich, verwenden Sie dafür eines mit Zimtöl (für geistigen Reichtum) und Aprikosenkernen (gut für die Liebe). Dieses Peeling wird Ihre Haut glätten und reinigen. Wenn Sie es abwaschen, visualisieren Sie das neue Leben, das darunter zum Vorschein kommt.

Schritt 3: Legen Sie eine Reinigungsmaske aus den folgenden Kräutern und Ölen auf. Vielleicht möchten Sie etwas Gaze als Unterlage verwenden, so läßt sich die Maske leichter wieder abwaschen. Falls Sie das tun, geben Sie die Kräuter auf die Gaze, aus der Sie vorher Löcher für Augen, Mund und Nase ausgeschnitten haben.

Sie brauchen dazu:
1 Tasse (60 g) Lavendelblüten - um die innere Schönheit nach außen zu bringen
1 Eßlöffel getrockneten Rosmarin, feingemahlen, - für die Reinigung
2 Tropfen Rosenöl - für die Liebe
2 Tropfen Eukalyptusöl - zur Heilung

Mischen Sie alle Zutaten mit einer Creme-Maske, und streichen Sie sie auf Ihre Gesichtshaut oder auf die Gaze. Lassen Sie die Maske 15 Minuten einwirken, während Sie sich entspannen und Ihren Geist schweifen lassen. Seien Sie in dieser Zeit ganz still und erlauben Sie den Liebeskräutern, auch Ihren Geist zu besänftigen.

Schritt 4: Waschen Sie die Maske ab, tupfen Sie Ihr Gesicht mit einem weichen Handtuch trocken und tragen Sie dann ein Gesichtswasser auf, das Ihrem Hauttyp entspricht. Ein Produkt auf natürlicher Basis ist übrigens am besten für Ihre Haut und Ihren Geist.

Schritt 5: Gönnen Sie sich jetzt eine sanfte Massage mit einer auf Ihren Hauttyp abgestimmten Feuchtigkeitscreme aus natürlichen Inhaltsstoffen. Stellen Sie sich während der Massage vor, wie schön Sie sind – von innen wie von außen. Wenn Sie dieses Ritual beibehalten, werden Sie sicher überrascht sein, wie anders Sie sich selbst fortan wahrnehmen und von anderen wahrgenommen werden.

Und bitte: Benutzen Sie nur Kosmetika, die ohne Tierversuche hergestellt wurden.

SIEBTER TAG

Am siebten Tage sollst du ruhn – so steht es schon in der Bibel.

Ruhen Sie, schlafen Sie sich aus, verbringen Sie den ganzen Tag im Bett, wenn Sie können. Vielleicht wollen Sie den Tag vorausplanen. Stellen Sie sich zum Beispiel einen Korb voller guter Sachen zusammen, den Sie mit ins Bett nehmen, oder bitten Sie einen Freund oder eine Freundin darum, Sie an diesem Ruhetag zu versorgen. Danach zu fragen, dürfte vermutlich die größte Herausforderung für Sie sein.

Oder:

Verbringen Sie den Tag auf andere Weise mit sich selbst. Machen Sie ein Picknick, gehen Sie an einen Strand oder an einen See oder vertrödeln Sie den Tag gemütlich an der Heizung, am Ofen, vor dem offenen Kamin oder gehen Sie alleine aus. Kurz: Genießen Sie Ihre eigene Gesellschaft.

Wenn die Woche um ist, lassen Sie noch einmal alles, was geschehen ist, Revue passieren. Denken Sie über weitere Möglichkeiten nach, wie Sie Liebe in Ihr Leben bringen können. Die »Liebeswoche« können Sie viele Male wiederholen, und ich möchte Sie auffordern, das mindestens einmal pro Monat auch zu tun. Vielleicht wählen Sie auch einen Tag der Woche, an dem Sie etwas davon verwirklichen.

Rituale für Verliebte

Ein Rendezvous mit Liebe und Leidenschaft vorzubereiten, ist ein ebenso schönes Ritual wie das Treffen der Liebenden selbst. Dabei haben Sie nämlich die Möglichkeit, den ganz besonderen Raum zwischen zwei Menschen erst zu gestalten und dann zu erforschen. Das allein sorgt schon für ein wundervolles magisches Gefühl.

Sie brauchen dazu:

2 rote Kerzen

Liebesöl (siehe S. 19)

Erdbeeren oder andere Leckerbissen, die Sie beide mögen, in mundgerechten Stückchen

Liebestrank (siehe S. 51 bis 52)

den Willen, Ihre Liebe offen und wahrhaftig auszudrücken

Wählen Sie für dieses Ritual einen Zeitpunkt, zu dem Sie nicht gestört werden. Entzünden Sie die Kerzen und sagen Sie zueinander:

> *»Möge unsere Liebe und Leidenschaft den Raum erfüllen, den wir jetzt schaffen.«*

Lassen Sie ein Bad für Sie beide ein und geben Sie ein paar Tropfen Liebesöl ins Wasser. Baden Sie sich gegenseitig und sagen Sie einander dabei Liebesworte, um alle negativen Gefühle oder Sorgen abzuwaschen. Stellen Sie sich die vorbereiteten Leckereien neben die Badewanne und füttern Sie sich gegenseitig damit. Sehen Sie in die Augen Ihres Partners und erinnern Sie sich an das erste Mal, als Sie zusammen waren, durchleben Sie noch einmal die Gefühle von damals und erinnern Sie sich, wie wundervoll es war.

Verbringen Sie soviel Zeit, wie es Ihnen angenehm ist, im Bad, trocknen Sie einander dann ab und machen Sie es sich bequem, um einander zu massieren. Das kann nur eine Fußmassage oder auch eine Ganzkörpermassage sein - ganz wie Sie beide wollen. Verwenden Sie dabei Liebesöl und schicken Sie Ihrem Partner liebevolle Gefühle, schenken Sie sich ihm ganz, solange die Massage dauert.

Einer der wichtigsten Aspekte einer Liebesbeziehung ist die Kunst der Berührung, zögern Sie deshalb nicht, um die Berührung zu bitten, die Sie gerne bekommen möchten. Nehmen Sie sich, auch wenn Sie sehr viel zu tun haben, die Zeit, Ihren Partner zu berühren, um die Vertrautheit mit ihm immer wieder neu herzustellen. Es mag vielleicht nicht sehr zauberisch klingen, aber um eine tolle Beziehung zu schaffen, sind es manchmal die kleinen Dinge, die die magischste Wirkung haben, und die kleinsten Berührungen, die Sie bezaubern und verhexen.

Vielleicht steht Ihnen der Sinn nicht nach einem gemeinsamen Bad oder einer Massage des ganzen Körpers. Dann kann das gegenseitige Waschen und Massieren der Füße die gleiche Wirkung erzielen, solange Sie auch dabei eine intime Atmosphäre schaffen. Bereiten Sie alles vor, was Sie benötigen, bevor Sie mit dem Ritual beginnen.

Sie brauchen dazu:
einen Eimer oder eine kleine Wanne mit warmem Wasser
Liebesöl (siehe S. 19)
flauschige Handtücher zum Abtrocknen

Geben Sie ein paar Tropfen Liebesöl ins warme Wasser. Der Eimer oder die Wanne sollte groß genug sein, so daß Sie beide genügend Platz für Ihre Füße haben. Waschen Sie Ihrem Partner die Füße und tupfen Sie sie behutsam trocken. Massieren Sie dann jeden Fuß mit etwas Liebesöl. Bei der Massage ist es wichtig, daß Sie auch wirklich gegenseitig erfolgt. Viele Frauen haben das Gefühl, daß Sie Ihrem Partner etwas geben sollten, selbst aber nichts von ihm annehmen könnten. Dabei ist wechselseitiges Geben und Nehmen sehr wichtig: Vergessen Sie nie, Ihren Partner zu bitten, auch Ihre Wünsche zu erfüllen, Sie sind nämlich ebenfalls etwas ganz Besonderes.

Nachdem Sie Ihre Massage beendet haben, sollten Sie den folgenden Liebestrank miteinander teilen.

LIEBESZAUBERTRANK

Sie brauchen dazu:
½ Teelöffel getrocknete Lavendelblüten (gemahlen)
½ Vanillestange
2 Gewürznelken
1 Zimtstange
kochendes Wasser
½ Liter Rotwein

HOKUSPOKUS

Geben Sie Lavendel, Vanille, Nelken und Zimt in einen Topf. Übergießen Sie die Gewürze mit kochendem Wasser und lassen Sie sie 15 Minuten ziehen. Abseihen, zum Rotwein geben und heiß oder kalt trinken. Sagen Sie folgenden Satz, während Sie den Wein trinken:

> »Möge unsere Liebe blühen und mögen wir miteinander immer aus dem Herzen, mit Liebe und Respekt sprechen.«

ALLES IST EINS

PFEILE DER LIEBE

Benutzen Sie Worte wie Pfeile, um die Probleme in Ihrer Beziehung im Kern zu treffen. Wenn Sie Schwierigkeiten haben, Ihre Gefühle auszudrücken, legen Sie Ihre Liebe vielleicht lieber in geschriebene Worte. Manchen Menschen fällt es auf diese Weise leichter zu sagen, daß ihnen etwas leid tut oder sie ärgert. Mündliche Kommunikation ist eine tolle Sache, aber die Schriftform gibt dem, was Sie sagen, eine besondere Bedeutung, es zeigt, daß Ihnen wirklich etwas daran liegt. Ihnen selbst gibt sie die Möglichkeit, in Ruhe zu formulieren, was Sie bewegt. In schriftlicher Form ist es leichter, Schuldzuweisungen und vorschnelle Verurteilungen zu vermeiden. Gefühle sind ohnehin etwas Unantastbares, man sollte nicht versuchen, sie schönzufärben oder verfälscht wiederzugeben – sie sind einfach so, wie sie sind. Und vergessen Sie nicht: Sie können niemanden ändern, außer sich selbst.

> »Um etwas zu ändern, muß ich zuerst mich selbst ändern.«

Wenn es in Ihrer Beziehung zu anderen Menschen zu Problemen kommt, müssen Sie die Verantwortung für Ihre eigenen Gefühle übernehmen: Sie haben nicht das Recht, jemand anderen für Ihre Reaktionen verantwortlich zu machen, selbst wenn diese Person etwas getan haben sollte, das Sie verletzt hat. Versuchen Sie hinter die Geschehnisse zu blicken, vielleicht verbergen sich dort Gefühle, mit denen Sie beide sich nicht auseinandersetzen wollten. Von Zeit zu Zeit ist es nötig, daß wir uns einfach klarmachen, daß wir Menschen mit all ihren Fehlern und Schwächen akzeptieren müssen.

Finden Sie sich mit der Tatsache ab, daß Konflikte ein natürlicher Teil jeder lebendigen Beziehung sind. Denken Sie während des Streitens einmal darüber nach, was Ihnen wichtiger ist, recht haben oder eine liebevolle Beziehung. Auseinandersetzungen sind Hindernisse, die sich immer überwinden lassen.

Benutzen Sie die Liebe nie, um Ihren Partner zu manipulieren oder zu kontrollieren, da das auf Sie zurückfallen kann und wird – und zwar gemäß dem Naturgesetz der Magie und des Universums:

ÜBERWINDUNG EINER ZERBROCHENEN BEZIEHUNG

Sie brauchen dazu:
1 gelbe Kerze
2 Bogen Pergamentpapier
grüne Tinte
2 Tropfen Nelkenöl
2 Tropfen Fliederöl
1 grüne Kerze
1 beliebigen grünen Gegenstand, z.B. 1 Murmel, als Talisman
1 feuerfeste Schale

Ziehen Sie einen Schutzkreis um sich selbst. Zünden Sie die gelbe Kerze mit folgenden Worten an:

»Ich entzünde diese Kerze für unsere Freundschaft in Liebe und Verständnis.«

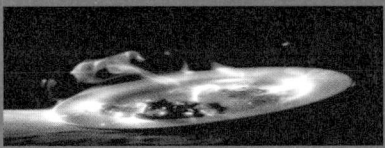

Schreiben Sie all Ihre Verletzungen und Kränkungen mit grüner Tinte auf das Pergament. Wenn Sie fertig sind, besprenkeln Sie das Papier mit den Ölen. Zünden Sie nun die grüne Kerze an und halten Sie den grünen Talisman und das Pergament über die Flamme. Sagen Sie dreimal:

»Laß Liebe und Verständnis in der Beziehung von [hier fügen Sie Ihrer beider Namen ein] sein.
Laß die Lüfte des Himmels unsere Probleme mit sich fortnehmen.«

Legen Sie das Pergament in die Schale und zünden Sie es mit der Flamme der grünen Kerze an. Streuen Sie die Asche in den Wind und werfen Sie den Talisman ins Meer oder vergraben Sie ihn in einiger Entfernung von Ihrem Zuhause.

HOKUSPOKUS

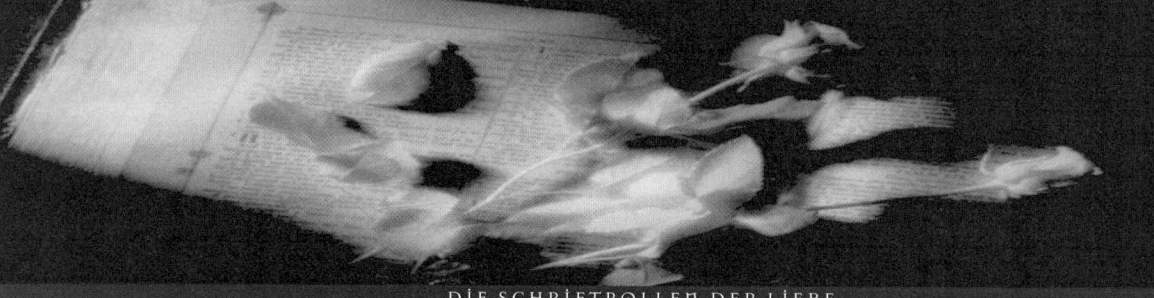

Ein Hochzeitssegen

Eine Hochzeit ist ein Anlaß, Liebe und Glück zu teilen - nicht nur für Braut und Bräutigam, sondern auch für die Gäste. Eine wundervolle Möglichkeit, den Frischvermählten Liebe und Glück mitzugeben, ist der folgende Segen.

Die »Zutaten« für dieses Ritual entstammen vielen verschiedenen Kulturen. Das Zuckerstück ist eine griechische Tradition, ebenso wie der Reis, der den Wunsch »Mögt Ihr immer eine gefüllte Speisekammer haben« und Fruchtbarkeit ausdrückt. Die Farbe Blau ist in vielen Kulturen ein Symbol für Reinheit, Liebe und Treue.

Sie brauchen dazu:
etwas Altes, das für die Vergangenheit von Braut und Bräutigam steht
etwas Neues, für die Zukunft von Braut und Bräutigam
etwas Geborgtes, für die Unterstützung anderer
etwas Blaues, für die Treue
1 Silbermünze, die für Wohlstand steht
1 Stück Zucker, der die Süße des Ehelebens der beiden symbolisiert
1 Tasse (250 g) Reis, der für Fruchtbarkeit steht.

Geben Sie alle genannten Dinge in einen hübschen Korb, jedes versehen mit einem Anhänger, auf dem geschrieben steht, was es bedeutet. Füllen Sie den Korb mit Marmelade, Chutneys, selbst aromatisiertem Essig und Öl oder sonstigen Leckereien für die Küche der Jungvermählten. All diese Köstlichkeiten sollten selbstgemacht sein, damit Sie bei der Zubereitung Ihre guten Wünsche mit hineingeben können. Wenn die Beschenkten sie essen, werden sie die Liebe und die guten Wünsche spüren, die Sie in die Zubereitung gelegt haben.

So ein Korb ist auch ein schönes Geschenk für den Polterabend. Ein anderes Hochzeitsgeschenk ist ein Korb mit »Zutaten« für das Schlafzimmer.

Sie brauchen dazu:
2 rote Kerzen
1 Bogen Pergamentpapier
Liebesöl (siehe S. 19)
2 Gläser, um auf das gemeinsame Leben anzustoßen
Liebestrank (siehe S. 51 bis 52)
Lieblingsspeisen oder besondere Spezialitäten (exotisches Obst, Pralinen oder Pasteten)

Schreiben Sie folgende Anleitung für ein Liebesritual auf ein Pergament, das Sie ebenfalls in den Korb geben.

LIEBESSCHWUR

Dieses Ritual ist für Eure Flitterwochen gedacht.

Sucht Euch einen besonderen Zeitpunkt und Ort dafür aus. Nehmt die roten Kerzen, zündet sie an und sprecht:

»Möge unsere Liebe uns durch den Sonnenschein und die Stürme des Lebens tragen.«

Erzählt Euch gegenseitig, was Ihr Euch für das erste Jahr Eurer Ehe wünscht – reisen, ein Haus kaufen oder eine Familie gründen, zum Beispiel. Schreibt Eure Wünsche nieder und wiederholt dieses Ritual, wenn möglich, jedes Jahr. Nehmt Euch soviel Zeit, wie Ihr benötigt, salbt Euch dann gegenseitig mit dem Liebesöl zwischen den Augenbrauen und sagt Euch dabei Segenssprüche, die Euch gerade einfallen. Füllt die Gläser mit dem Liebestrank und schaut Euch in die Augen. Konzentriert Euch ganz auf das Hier und Jetzt – es ist alles, was wir haben – und trinkt schweigend. Besiegelt den Zauber mit einem Kuß.

Einen Geliebten an sich binden

Liebestränke und anderer Liebeszauber sollten nie dazu gebraucht werden, um Zwang auszuüben oder jemand dazu zu bringen, sich in Sie zu verlieben. Das beeinträchtigt den freien Willen eines anderen Menschen und verstößt damit gegen den Grundsatz, niemand einen Schaden zuzufügen. Die Art von Magie, die dieses Buch Ihnen bietet, soll Liebe in Ihr Leben bringen und Ihnen Liebe zu sich selbst bescheren. Wenn der von Ihnen begehrte Mensch für Sie gedacht ist, werden Sie mit ihrer Hilfe die bestmögliche Umgebung schaffen, so daß diese Liebe darin wachsen kann.

Der wichtigste Aspekt bei der Herstellung eines Liebeszaubers ist, sich immer bewußt zu machen, daß die Liebe aus Ihnen selbst kommen muß. Denken Sie über Ihre eigene Liebe tief in Ihrem Inneren nach, so bleiben Sie im Gleichgewicht und das Ritual wird zu Ihrem Besten und dem der anderen involvierten Person sein.

Um wahre Liebe in seinem Leben zu erfahren, muß man sein eigenes Liebeszentrum kennen, denn sich selbst zu lieben, ist der wichtigste Bestandteil jedes Liebeszaubers. Ohne diese Liebe werden wir einen Menschen anziehen, der nur die Hälfte eines Ganzen ist. Wenn wir uns ganz fühlen, ziehen wir Menschen an, die ebenfalls ganz sind, und nur hier kann wahre Liebe entstehen. Wenn wir nicht vollständig sind, werden wir bemerken, daß kein anderer unsere oder seine Bedürfnisse befriedigen kann. Es liegt in unserer Verantwortung, unsere eigenen Bedürfnisse zu stillen, niemand kann für uns da sein, wenn wir es nicht selbst sind.

Halten Sie, während Sie einen Liebeszauber vorbereiten, einen Moment lang inne und überlegen Sie, warum Sie sich einen Geliebten in Ihrem Leben wünschen. Ihr wichtigster Grund ist wahrscheinlich, daß Sie Ihr Leben mit einem ganz besonderen Menschen teilen wollen oder daß Sie jemanden haben wollen, der Sie so nimmt, wie Sie sind und weil Sie so sind.

KRÄUTER, ÖLE, SYMBOLE UND PFLANZEN DER LIEBE

Nehmen Sie beim Sammeln der Zutaten für Ihren Talisman deren Energie auf und segnen Sie jede Zutat als Zeichen des Respekts vor dem Element, das etwas von sich selbst für Ihren Talisman zur Verfügung stellt. Es ist eine alte Indianertradition, ein Geschenk zurückzulassen, nachdem man selbst etwas von der Natur bekommen hat. Das kann ein Haarbüschel sein, etwas Tabak oder etwas anderes Natürliches. Fairer Handel ist wichtig, wenn Sie mit Erdmagie arbeiten!

Sammeln Sie für Ihr Liebeskissen eine Auswahl von Dingen, die in Ihren Augen für die Liebe stehen. Das können Perlen, besonders gefärbte Stoffe wie Seide oder Spitze oder beliebige Kleinigkeiten sein. Nähen Sie all das auf ein kleines, am besten ringförmiges Kissen, das Sie mit Liebeskräutern (aus der folgenden Liste) gefüllt haben.

Während Sie die Zutaten zusammenstellen, sollten Sie nie vergessen, daß Sie ein Symbol der Liebe daraus anfertigen wollen. Wenn Sie der Natur etwas nehmen, geben Sie ihr als Gegenleistung immer auch etwas zurück.

Diese Liste umfaßt die besten Zutaten für die Herstellung von Talismanen:

APFELKERNE
(ÄPFEL GALTEN LANGE ZEIT
ALS DIE FRÜCHTE DER LIEBE)
BASILIKUM
EICHELN
FEDERN
GARDENIEN
GEWÜRZNELKEN
HASELNÜSSE
(FÜR DIE WEISHEIT)
IMMERGRÜN
INGWER
JASMIN
KARDAMOM
KOHLE

KORIANDER
LAVENDEL
LORBEERBLÄTTER
MISTEL
ORANGENBLÜTEN
PASSIONSBLUMEN
PATSCHULI
(DAS SOLL SCHON KLEOPATRA
VERWENDET HABEN)
ROSENBLÜTENBLÄTTER
(FALLS MÖGLICH, SOLLTEN SIE
SIE UM MITTERNACHT
PFLÜCKEN, DENN DANN,
HEISST ES, ENTHALTEN SIE DIE
ESSENZ DER LIEBE SELBST)
ROSMARIN

VANILLE
VEILCHEN
VEILCHENWURZEL
WACHOLDERBEEREN
WICKEN
ZIMT
ZITRONE

MAGISCHE LIEBESFLASCHE
Love in a Bottle

Sie brauchen dazu:
1 rosa Kerze
½ Tasse (30 g) Rosenblütenblätter oder Jasminblüten
4 Tassen (240 g) Lavendel
1 Eßlöffel Kumin
1 Holzlöffel
2 Tropfen Rosenöl
Regenwasser (genug, um die Flasche aufzufüllen)
1 mittelgroße Flasche

Schaffen Sie eine liebevolle Atmosphäre, indem Sie die Kerze entzünden. Geben Sie die Rosenblütenblätter, den Lavendel und das Kumin in eine Schüssel und mischen Sie alles vorsichtig mit dem Holzlöffel. Fügen Sie die ätherischen Öle und das Regenwasser hinzu. Füllen Sie alle Zutaten in die Flasche und halten Sie diese dann an Ihr Herz. Visualisieren Sie, wie die Liebe in die Flasche fließt, und füllen Sie sie mit Ihrer Liebe, während Sie folgenden Satz sagen:

»Knospen der Liebe, in meinem Herzen gehalten, laßt mir die Liebe erwachsen, die ich in mir trage.«

SO SEI ES

Stellen Sie die Flasche in die Nähe Ihres Bettes, so daß Sie sie jeden Tag sehen.

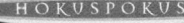

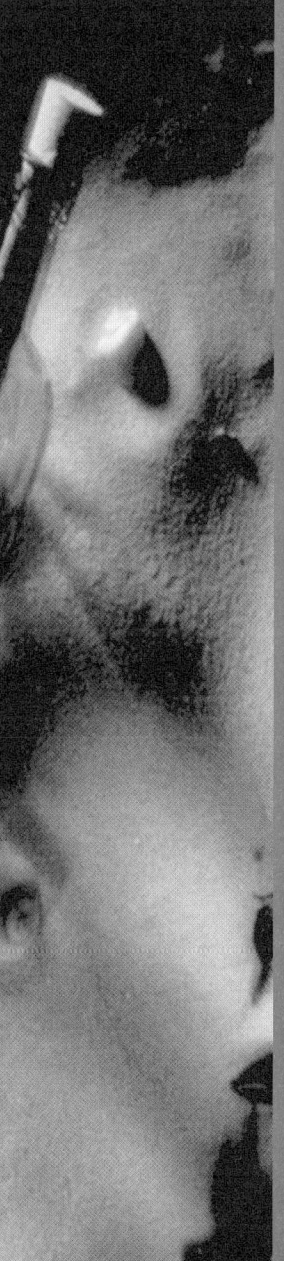

LIEBESPULVER

Dieses Pulver kann man als Füllung für ein Liebeszauberkissen verwenden oder auch einfach in seiner Umgebung verstreuen, um die Liebe anzuziehen.

Sie brauchen dazu:
1 Eßlöffel gemahlenes Sandelholz
2 Eßlöffel gemahlenen Zimt
½ Eßlöffel getrocknetes Basilikum, gemahlen
½ Eßlöffel Talkum
2 Tropfen Myrrheöl
2 Tropfen Weihrauchöl
2 Tropfen Rosenöl
1 Stück roten oder rosafarbenen Stoff, in Herzform ausgeschnitten und gesäumt, mit
einer kleinen Öffnung zum Einfüllen

Mischen Sie alle trockenen Zutaten in einer Schüssel. Fügen Sie die ätherischen Öle hinzu und rühren Sie noch einmal gründlich um. Füllen Sie zwei Eßlöffel dieser magischen Mischung in das herzförmige Säckchen und schließen Sie den Saum. Wenn Sie eine Kordel daran befestigen, können Sie sich das Zauberkissen umhängen oder es über Ihrem Bett aufhängen. Das restliche Pulver können Sie zum Beispiel über Liebesbriefe geben, in Ihrer Wohnung oder Ihrem Büro verstreuen. Ihre Umgebung wird dann von Liebe erfüllt sein.

die Macht der Kräuter und Symbole

Kapitel zwei LEBENSKRAFT

Nehmen Sie Verbindung mit Ihrem Innersten auf.

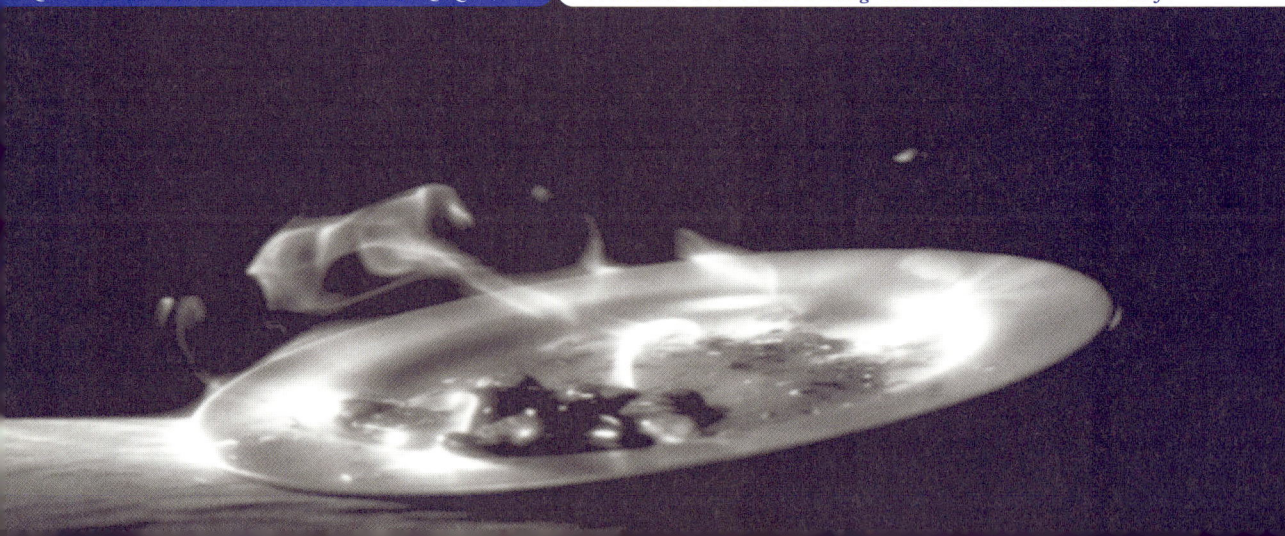

Lebenskraft ist das Wesen unseres Seins. Sie ist das Licht, das unseren Geist erhellt, die Gesundheit unseres Körpers und unserer Seele und unsere Lebenseinstellung. Wenn wir krank sind, setzen unsere Gedanken unserer Lebenskraft zu. Wir alle lassen viel zu oft zu, daß unsere mentale Verfassung unsere körperliche bestimmt, so daß negative Gedanken und Gefühle sich in unserem Körper, ja in unserem Leben niederschlagen.

Wenn ich krank bin und mich alles fertigmacht, komme ich am leichtesten wieder auf die Beine, wenn ich mir selbst alles nur erdenklich Gute tue. Das habe ich schon oft festgestellt. Ich bin ganz allein für meine Gesundheit verantwortlich, und wenn ich krank werde, liegt das für gewöhnlich daran, daß ich mich überarbeitet oder meiner Intuition zuwidergehandelt habe - ich habe dann nicht auf meinen Körper gehört, der mich ermahnte, einen Gang zurückzuschalten. Unser Körper gibt uns tatsächlich solche Signale, wir müssen nur genau hinhören - und das ist manchmal das Schwerste.

Magie kann Ihnen helfen, Verantwortung für Ihren Körper zu übernehmen, sie kann Sie leiten. Das heißt aber nicht, daß Sie sich nicht an erster Stelle selbst um Ihren Körper kümmern müssen. Gesunde Ernährung, Sport und Entspannung sind unabdingbare Voraussetzungen für einen gesunden Körper und Geist und eine gesunde Seele. Schließlich sind Sie, was Sie denken und fühlen.

Wenn wir Rituale und Segenssprüche für unseren Körper und unser Leben durchführen, vertreiben wir damit negative Energien, die unsere Lebenskraft beeinträchtigen können und das auch tun. Sie müssen sich selbst verzeihen, daß Sie krank werden, und dürfen nicht zu hart gegen sich selbst sein. Sie lernen eine Menge, wenn Ihnen die Dinge über den Kopf wachsen, denn das ist zugleich eine Chance, Ihr Leben zum Besseren zu verändern, sich selbst und Ihre Bedürfnisse besser verstehen zu lernen.

Bitte beachten Sie: Bei ernsten Erkrankungen sollten Sie in jedem Fall zuerst einen Arzt konsultieren.

DER TEMPEL DES WISSENS
Eine Heilzeremonie

Der erste Schritt dieses Rituals ist ein Bad. Bäder haben große Heilwirkung und können auf vielfältige Weise dazu dienen, Gesundheit und Gleichgewicht wiederherzustellen. Das Heilbad erlaubt dem Körper, sich für die Heilung zu öffnen. Und schon immer wurde Wasser verwendet, um negative Energien abzuwaschen. Die wichtigste Zutat für jedes Bad ist Entspannung.

Sie brauchen für ein Heilbad:
2 Eßlöffel gemahlenen Thymian
½ Tasse (30 g) Pfefferminzblätter
¼ Tasse (15 g) Lavendelblüten
3 Tropfen Eukalyptusöl
1 grüne Kerze

Mischen Sie die Kräuter und das Öl gründlich, und geben Sie sie in einen Strumpf oder einen Waschlappen, den Sie oben zuknoten und ins warme Badewasser legen. Zünden Sie die Kerze in Ihrer Nähe an, etwa auf den Wannenrand. Stellen Sie sich, während Sie im warmen Wasser liegen, vor, wie Ihr Körper von dem heilenden grünen Licht durchströmt wird. Entspannen Sie sich. Fragen Sie Ihren Körper, was er braucht, um gesund zu werden. Es bedarf vielleicht einiger Zeit, sich auf die Wellenlänge Ihres Körpers einzustellen, aber je mehr Sie sich darum bemühen, desto eher wird Ihnen Ihr Körper auf diese Frage antworten. Diese Antworten sind immer schon in Ihnen, aber Sie brauchen Zeit, um sie zu entschlüsseln, um auf sich selbst hören zu können. Wenn Sie Ihr Bad beenden, ziehen Sie den Stöpsel aus der Wanne, und stellen Sie sich vor, wie Ihre Beschwerden zusammen mit dem Wasser im Abfluß verschwinden.

Eine andere Form dieses Heilrituals findet im Freien statt. Gehen Sie an einen Fluß oder Bach mit sauberem Wasser. Ziehen Sie Ihre Schuhe und Strümpfe aus. Halten Sie dann ihre Füße ins Wasser und spüren Sie, wie es alle körperlichen Beschwerden mit sich fortspült. Sinnen Sie über Ihr körperliches Wohlbefinden nach. Fließendes Wasser hilft den Geist zu reinigen, und jede Meditation, die Sie gleichzeitig durchführen, wird Ihnen auch inneren Frieden schenken.

»Ich segne Dich, denn Du

HOKUSPOKUS

Eine zerbrochene Freundschaft kitten

Schreiben Sie einen Brief an den Schutzengel Ihrer Freundin oder Ihres Freundes und an Ihren eigenen.

Sie brauchen dazu:
1 Bogen Papier (wenn Sie das Papier selbst herstellen, konzentrieren Sie sich schon
währenddessen auf das Kitten Ihrer Freundschaft)
grüne Tinte
1 grüne Kerze
1 feuerfeste Schale

Schreiben Sie auf das Blatt Papier, was Sie sich als Ergebnis dieses Rituals wünschen, zum Beispiel Verzeihung, Verständnis oder Heilung. Schreiben Sie in dem Gefühl, Ihr Wunsch sei bereits in Erfüllung gegangen. Bitten Sie dann um das Geleit Ihres Schutzengels. Am Ende des Briefes schreiben Sie siebenmal folgende Sätze:

wirst wissen, was für Dich das Beste ist. Mögen die Engel uns beide zum Vergeben und Vergessen geleiten.«

Wenn Sie mit Ihrem Brief fertig sind, zünden Sie die Kerze an und legen den Briefbogen in die feuerfeste Schale. Entzünden Sie das Papier mit der Kerzenflamme. Streuen Sie die Asche in den Wind und lassen Sie sie von Engelsschwingen forttragen.

EIN GEBURTSTAGSSEGEN

Geburtstagssegen sind traditionell besonders wirkungsvoll. Es hat etwas sehr Magisches, sich um das Datum Ihres Geburtstages herum etwas zu wünschen oder ein Ritual abzuhalten. Dieses Ritual können Sie allein oder in Gegenwart von Freunden durchführen.

Sie brauchen dazu:
1 weiße Kerze
1 grüne Kerze
1 rote Kerze
1 Bogen Pergament oder handgeschöpftes Papier
1 Muschel mittlerer Größe
1 durchsichtigen Quarzkristall
250 g Salz
eine Auswahl kleiner Steine, Stöckchen oder 1 Stück Papier
1 Tagebuch

Rituale helfen Ihnen dabei, mit der Natur und Ihrem höheren Selbst in Verbindung zu bleiben. Bevor Sie mit einem dieser Rituale beginnen, sollten Sie sich genug Zeit nehmen, damit Sie sich ganz auf das konzentrieren können, was Sie sich wünschen wollen (halten Sie sich an die wichtigen Schritte bei der Durchführung eines Rituals, siehe S. 14).

Die erste Station dieser Reise besteht darin, eine Kerze entweder der Heilung oder der Liebe zu weihen. Finden Sie Ihre Mitte, bevor Sie die Kerzen entzünden. Dieses Zentrieren dient dazu, Ihr emotionales, physisches und spirituelles Gleichgewicht wiederherzustellen. Konzentrieren Sie sich darauf, Energie auf die Mitte Ihres Körpers zu lenken. Setzen Sie sich bequem hin und schließen Sie die Augen, um Ihre Umgebung besser zu erfühlen. Das wird Sie in einen Zustand innerer Ruhe versetzen.

Weihe der weißen Kerze: Weiß steht für die Verbindung mit jemandes Geist und gibt Schutz. Entzünden Sie die Kerze mit dem Satz:

> *»Möge der Geist meines Wunsches hell brennen.«*

Weihe der grünen Kerze: Grün steht für Heilung. Entzünden Sie die Kerze mit dem Satz:

> *»Möge mein Wunsch immer ein festes Fundament besitzen.«*

Weihe der roten Kerze: Rot steht für die Selbstliebe. Entzünden Sie die Kerze mit dem Satz:

> *»Möge mein Wunsch Kraft haben.«*

Wenn Sie Symbole in die Kerzen ritzen, bedenken Sie, daß Sie nur Symbole verwenden, die speziell für Sie eine besondere Bedeutung besitzen.

Am besten formulieren Sie Ihren Wunsch, während die Kerzen brennen. Schreiben Sie ihn mit der Einstellung auf, er sei bereits in Erfüllung gegangen. Nehmen Sie dann die Muschel in Ihre Hände und sagen Sie:

> *»Mein Wunsch liegt in dieser Muschel. Möge die Kraft des Meeres mir seine Erfüllung bringen.«*

Schlafen Sie in der folgenden Nacht mit der Muschel unter Ihrem Kissen. Am Morgen tragen Sie die Muschel ans Meer, einen Fluß oder See und werfen sie ins Wasser. Lassen Sie sich das Gewünschte von den Stürmen bringen.

Waschen Sie den Kristall mit dem Salz und lassen Sie ihn über Nacht trocknen. Am nächsten Tag legen Sie einen Kreis aus den Steinen oder Ästchen um den Kristall herum oder zeichnen einen Kreis auf ein Stück Papier, in dessen Mitte Sie den Kristall legen. Sitzen Sie ganz still und richten Sie Ihre ganze Aufmerksamkeit und Energie auf den Kristall. Stellen Sie sich vor, wie der Kristall erglüht. Um den Kristall zu dem Ihren zu machen, sprechen Sie folgende Worte:

> *»Ich mache nun diesen Kristall zu dem meinen, ich gestatte seiner Energie, in mich zu strömen, und ich werde Kraft aus ihm ziehen.«*

Lassen Sie den Kristall ein paar Tage lang in dem Kreis liegen, und wenn Sie das Gefühl haben, der richtige Zeitpunkt sei gekommen, legen Sie ihn an einen Ort, wo Sie ihn täglich sehen, oder verwenden Sie ihn für Ihre Meditationen. Diesen Kristall können Sie jetzt auch für andere Rituale benutzen.

Der nächste Schritt besteht darin, sich auf eine visionäre Suche zu begeben: Verbringen Sie eine gewisse Zeit allein in der freien Natur, um wieder mit Ihrem inneren Selbst Verbindung aufzunehmen. Das ist auch der ideale Zeitpunkt, um sich selbst zu befragen und wirklich in sich hineinzuhorchen, um die Antworten zu hören. Wenn Sie diesen Tag mit sich allein verbringen, nehmen Sie außer etwas zu essen und dem Tagebuch nichts mit.

Suchen Sie sich einen Ort am Meer, in einem Wald oder auf einer Wiese, und beschränken Sie sich den ganzen Tag lang darauf, zuzusehen, was um Sie herum ist. Stellen Sie sich vor, wie es sich anfühlt, ein Baum zu sein. Nehmen Sie mit den Wurzeln dieses Baumes Verbindung auf und verwurzeln Sie sich selbst in der Mutter Erde, so können Sie vielleicht verstehen, was der Baum Ihnen erzählen will. Legen Sie sich auf den Rücken und schauen Sie in den Himmel. Suchen Sie nach Formen in den Wolken, und beobachten Sie die Vögel. Während Sie sich Tagträumen hingeben, öffnet sich Ihre Seele; stellen Sie sich also Fragen und seien Sie offen für Antworten. Sie kommen Ihnen vielleicht in den Sinn, vielleicht auch nicht: Wichtig ist, daß Sie offen dafür sind. Vielleicht gewinnen Sie Einsichten, aber sorgen Sie sich nicht, wenn Sie die Botschaften, die Sie erreichen, zunächst nicht verstehen, denn mit der Zeit wird alles klar werden.

UM SICH ÜBER IHRE WÜNSCHE KLARER ZU WERDEN, KÖNNEN SIE SICH DIE FOLGENDEN FRAGEN STELLEN. VERGESSEN SIE NICHT, AUF DIE ANTWORTEN ZU LAUSCHEN, DIE SIE SICH SELBST GEBEN.

1. WEISS ICH, WAS ICH MIT MEINEM LEBEN ANFANGEN WILL?

2. TUE ICH, WAS ICH TUN WILL?

Wenn Sie mit Ja geantwortet haben, denken Sie über Ihre Antworten nach, erforschen Sie, wie es sich anfühlt, das zu tun, was Sie mit Ihrem Leben anfangen, malen Sie sich aus, wie Sie es erleben und was Sie dabei empfinden. Wenn Sie mit Nein geantwortet haben, stellen Sie sich vor, das zu tun, was Sie wirklich gerne machen würden, und fragen Sie sich selbst nach Details, wie es aussieht und wie es sich anfühlt. Auf diese Weise erlauben Sie Ihren Bedürfnissen, an die Oberfläche zu kommen, so daß Sie damit anfangen können, Sie zu erfüllen.

Nehmen Sie das Tagebuch zur Hand und schreiben Sie Ihre Erfahrungen auf, so daß Sie eine Art Aufzeichnung dieses Tages haben. Vielleicht wollen Sie Ihre Eindrücke ja auch in einem Bild verarbeiten. Tun Sie einfach, was immer Ihre innere Stimme Ihnen rät.

Damit ein Wunsch in Erfüllung geht, müssen sich sicher sein, was Sie wollen, denn das ist schließlich der Grund, warum Sie dieses Ritual vollziehen. Nehmen Sie sich soviel Zeit wie nötig, um diese Zeremonie zu vollenden, sie sollte jedoch innerhalb eines Mondzyklus abgeschlossen sein.

HOKUSPOKUS

Das magische Familienherz

Ziel dieses Rituals ist es, in der Familie ein offenes und ehrliches Gesprächsklima, ohne Angst vor Strafen und Sanktionen, herzustellen oder zu bewahren. Jüngeren Familienmitgliedern gibt es außerdem die Möglichkeit, sich Gehör zu verschaffen und eine Form der Kommunikation kennenzulernen, die sie ihr Leben lang und auch in anderen Beziehungen anwenden können.

Einigen Sie sich auf einen festen Termin, an dem die Familie regelmäßig zusammenkommt, zum Beispiel zum Abendessen oder wann immer alle Familienmitglieder anwesend sind. Wenn es eine Familienkrise gibt oder ein Problem dringend gelöst werden muß, setzen Sie so schnell wie möglich ein solches Treffen an.

Schaffen Sie einen magischen Raum, rund um den Eßtisch oder auf dem Fußboden, je nach Vorliebe Ihrer Familie. Erzeugen Sie eine liebevolle Atmosphäre. Dies ist ein sicherer Ort, um sein Herz zu öffnen und wirklich ehrlich zu reden.

Sie brauchen dazu:
4 rote Kerzen
1 Rosenquarz
4 Teddybären, Stofftiere oder andere Familienmaskottchen
1 herzförmiges Kissen aus rotem Stoff (gefüllt mit Liebeskräutern aus der Liste auf S. 57)

Entzünden Sie die Kerzen und grenzen Sie mit ihnen den geweihten Ort ab. Setzen Sie sich in den Kreis. Stellen Sie nun die Kerzen im Kreis um den Rosenquarz auf. Verteilen Sie die Stofftiere nach Belieben um sich. Sie sollen Ihnen das Gefühl von Sicherheit und Geborgenheit geben. Legen Sie das Stoffherz in Ihre Mitte. Wer etwas sagen möchte, sollte zuerst das Herz in die Hand nehmen und dann sagen, was ihm gerade in den Sinn kommt. Hier kann man auch darüber reden, was einen an anderen Familienmitgliedern stört. Man sollte dann damit beginnen zu erklären, wo das Problem liegt, was man darüber denkt und was man gerne ändern würde.

Bitte denken Sie daran: Solange jemand das magische Herz in der Hand hält, hören die anderen schweigend zu. Sie sollten auch nicht schon über eine Erwiderung, Antwort, Widerlegung, Rechtfertigung oder ein Abstreiten nachdenken. Ziel dieses Rituals ist es, dem, der etwas zu sagen hat, Gehör zu verschaffen. Wenn der Beitrag eines »Redners« speziell an ein anderes Familienmitglied gerichtet war, sollte der Redner, sobald er zu Ende gesprochen hat, das Herz an den Angesprochenen weitergeben. Dieser übernimmt das Herz und beginnt seinen Beitrag mit den Worten »Was ich Dich sagen gehört habe, war ...«. Seine Aussage sollte mit dem eben Gehörten übereinstimmen, falls nicht, wird das Herz wieder an den ersten Redner zurückgegeben, der erneut Gelegenheit hat, sich zu äußern.

Das Herz kann von jedem beansprucht werden, der etwas zu sagen hat, oder es kann reihum weitergegeben werden, so daß jeder die Möglichkeit hat, etwas beizutragen. Wenn alles gesagt ist, nehmen Sie sich an den Händen und spüren Sie die Verbundenheit miteinander, das Gefühl, daß alles eins ist. Räumen Sie das magische Herz danach bis zum nächsten Treffen fort, und vergessen Sie nicht, daß jedes Familienmitglied ein solches Treffen einberufen kann.

DIE SCHWINGEN EINER TAUBE
Baby-Segen

Wenn ein Kind zur Welt kommt, ist das für alle in seiner Umgebung eine ganz besondere Zeit. Dieses Segensritual können Sie mit den oder für die Eltern durchführen.

Sie brauchen dazu:
1 weiße Kerze
Sandelholzöl
3 kleine Glöckchen
1 rotes Band
Salz
Salbeiblätter

Parfümieren Sie die Kerze mit dem Öl und laden Sie sie mit Ihrer Liebe und Lebenskraft. Ritzen Sie Symbole ins Wachs, die Ihnen besonders geeignet erscheinen. Während Sie die Kerze zu Ehren des neuen Lebens anzünden, weihen Sie sie der Liebe, der Gesundheit, dem Reichtum und dem Erfolg.

Binden Sie die drei Glöckchen mit dem roten Band aneinander, und machen Sie dabei einen Knoten zwischen jedem Glöckchen. Während Sie die Knoten knüpfen, bitten Sie um Segen für Liebe, Gesundheit und Glück. Knoten Sie die Enden des Bandes zusammen, so daß ein Kranz aus Glöckchen entsteht. Klingeln Sie mit den Glöckchen am Fußende des Babybettchens, während Sie folgende Worte sprechen:

»Möge der Erzengel Michael Dich Dein Leben lang beschützen und mögen Liebe und Licht Dich immer leiten.«

Legen Sie den Talisman ans Fußende des Bettchens, und streuen Sie Salz und Salbei im Uhrzeigersinn in die Ecken des Zimmers. Dabei sprechen Sie folgenden Satz:

»Mögen nur Energien der Liebe und des Lichts in diesem Raum gegenwärtig sein.«

Wenn Sie mögen, können Sie dieses Schutzritual auch im ganzen Haus durchführen.

SCHÄTZE BEWAHREN

VORBEREITUNG AUF IHR BABY

Es wird Zeit, daß Sie und Ihr Partner Ihre Liebe füreinander zelebrieren und Ihr jüngstes Familienmit-glied willkommen heißen. Legen Sie einen besonderen Zeitpunkt für dieses Ritual fest, denn es stellt den wichtigen Beginn der spirituellen Bindung zwischen Ihnen und Ihrem Baby dar.

Sie brauchen dazu:
1 kreisförmig ausgeschnittenes Stück blaue Seide
1 Handvoll getrocknete Rosenblütenblätter
(von einem Rosenstrauß, den Sie zu einem besonderen Anlaß bekommen haben)
1 Handvoll Lavendelblüten
1 Handvoll weiße Federn

HOKUSPOKUS

1 Tropfen Weihrauchöl
1 Tropfen Myrrheöl
ein blaues Band
2 weiße Kerzen
Sandelholzöl
eine Räucherkerze mit Rosenaroma

Dieser Zauber ist ein Symbol, das Ihr Kind mit dem Schutz Ihrer Liebe umgeben wird. Sie sollten dieses Ritual durchführen, wenn Sie das Gefühl haben, der Zeitpunkt dafür sei gekommen, am besten um den Vollmond oder Neumond herum, da diese beiden Mondphasen Neubeginn symbolisieren.

Beträufeln Sie Rosenblütenblätter, Lavendel und Federn mit Weihrauch- und Myrrheöl. Legen Sie diese Mischung auf das Stück Seide. Stellen Sie sich vor, daß dies lauter Gaben der Liebe und des Schutzes sind, verwoben für Ihr neues Kind. Binden Sie den Stoff mit dem Band zusammen und versiegeln Sie den Talisman mit einem Kuß. Nähen Sie eine Schnur an das Säckchen, so daß jeder von Ihnen es eine Woche lang am Körper tragen kann. Dann wird es Ihre Energie aufgenommen haben.

Parfümieren Sie die Kerzen mit dem Sandelholzöl und laden Sie sie mit Ihrer Lebenskraft. Zünden Sie dann die Räucherkerze an, da sie hilft, die Atmosphäre für das Segnen des Talismans zu reinigen.

Nachdem Sie beide das Säckchen eine Woche lang getragen haben, setzen Sie sich gegenüber und blicken sich in die Augen. Nehmen Sie Verbindung zu Ihrer inneren Stimme auf, und lassen Sie sich dabei soviel Zeit wie nötig. Wenn Sie den richtigen Zeitpunkt für gekommen halten, entzünden Sie jeder eine Kerze. Erklären Sie dabei Ihre Absichten, visualisieren Sie Ihr Baby mit Liebe, Gesundheit und Glück. Bitten Sie Ihr höheres Selbst um Hilfe, denn es weiß, was Sie als Eltern benötigen und was Sie Ihrem Baby sein müssen, so daß all seine Bedürfnisse gestillt werden. Sitzen Sie ganz entspannt, und lassen Sie die Antworten zu Ihnen kommen.

Nehmen Sie dann den Talisman zur Hand, halten Sie ihn über beide Kerzen – ohne ihn zu versengen. Dabei sprechen Sie gemeinsam folgende Worte:

»Mögen unserem Kind alle Bedürfnisse erfüllt werden, so daß es gemäß seinem Schicksal leben,
der Liebe und dem Licht folgen kann.«

Während die Kerzen herunterbrennen, wird die Kraft Ihrer Absichten frei und der Rauch trägt Ihren Segen in die Zukunft des Kindes. Lassen Sie die Kerzen vollständig herunterbrennen, und bewahren Sie den Talisman im Kinderzimmer auf.

Um sich selbst von Gewohnheiten oder Verhaltensweisen zu befreien, die Ihnen nicht guttun, entzünden Sie ein symbolisches Feuer (auch eine Kerze genügt) und setzen sich davor, um zu meditieren. Denken Sie an all die Dinge, die Sie nicht brauchen oder die Sie unglücklich machen. Wenn es ein bestimmtes Essen (zum Beispiel Süßigkeiten) ist, nehmen Sie eine Portion davon und werfen Sie sie ins Feuer. Wenn es nicht praktikabel ist, den Gegenstand selbst in die Flammen zu werfen, zeichnen Sie einfach ein Symbol für diese Sache oder dieses Gefühl, das Sie loswerden wollen, auf ein Stück Papier, das Sie dann verbrennen (benutzen Sie dazu eine feuerfeste Schale).

Dieses Ritual können Sie zusammen mit Freunden oder allein vollziehen. Machen Sie eine Zeremonie daraus, sich selbst von negativen Gewohnheiten zu befreien. Selbst so globale Wünsche wie das Ende von Kriegen oder anderen Krisen können Sie sich auf diese Weise wünschen.

Symbolische Opfergaben, die Sie außerdem ins Feuer werfen können, sind Reis, Getreidekörner oder Mais, da sie alle den Samen der Hoffnung darstellen.

GABEN DER ERDE

EIN ALTAR FÜR IHR ZUHAUSE ODER IHR BÜRO

Der Natur geweiht

Ein schlichtes Potpourri aus Blüten und Blättern läßt sich zum magischen Altar für Ihr Heim oder Büro verwandeln. Ein Altar ist ein Ort, der für Gaben und Segnungen reserviert ist.

Sie können eine beliebige Blütenmischung hierfür verwenden oder selbst eine bereiten. Und hier beginnt der Zauber.

Die folgenden Rituale sollen Ihrer Umgebung entweder Erdung, Schutz oder Liebe bringen. Beginnen Sie also mit dem Sammeln von Dingen, die Ihnen lieb und teuer sind und die Sie auf Ihren neuen Altar legen können. Weihen Sie diesen Ort den Naturgeistern, die um Sie herum leben.

WALD DER TRÄUME

Sie brauchen dazu:
Als Ergänzung für das Potpourri:
getrocknete Blätter und Blüten Ihrer Wahl
für das erdende Öl:
1 Tropfen Basilikumöl
1 Tropfen Lavendelöl
1 Tropfen Gardenienöl
1 Tropfen Thymianöl
15 ml Basisöl (aus Mandeln, Aprikosenkernen,
Avocados oder Sonnenblumen)

Gehen Sie in einen Park oder Wald und fühlen Sie die Erde unter Ihren Füßen. Sammeln Sie Kleinigkeiten wie Blätter und Blüten, die Sie in Ihr Wald-der-Träume-Potpourri geben, wodurch die Mischung erst mit Ihrer Magie belebt wird. Die Mischung kann aus jeder beliebigen Mischung getrockneter Kräuter und Blüten bestehen.

Für das Öl mischen Sie die ätherischen Öle mit dem Basisöl. Um Ihre magische Mischung aufzufrischen, träufeln Sie von Zeit zu Zeit ein paar Tropfen davon auf das Potpourri, während Sie folgende Worte sprechen:

»Bringe neue erdende Energien in den Wald meiner Träume.«

ENGELSSCHWINGEN, ENGELSLIEBE

Sie brauchen dazu:
Zur Ergänzung des Potpourris:
1 Feder
getrocknete Kräuter und Blüten Ihrer Wahl
für das Liebesöl:
1 Tropfen Rosenöl
1 Tropfen Zitronenöl
15 ml Basisöl (aus Mandeln, Aprikosenkernen, Avocados oder Sonnenblumen)

Die Liebe der Engel umgibt Sie immer, und wenn Sie auf eine Feder stoßen, wird Sie das an ihre Gegenwart erinnern. Halten Sie deshalb im Wald oder im Park die Augen nach Federn aller Art offen. Geben Sie die Feder, die Sie gefunden haben, zu dem Engelsschwingen-Potpourri. Das Potpourri selbst kann aus beliebigen getrockneten Kräutern und Blüten bestehen.

Für die Zubereitung des Liebesöls mischen Sie die ätherischen Öle mit dem Basisöl. Um Ihr »Liebesnest« aufzufrischen, beträufeln Sie es mit ein paar Tropfen davon und sagen dabei folgende Worte:

»Schutzengel, Du bist bei mir, um mich zu lieben und zu leiten.«

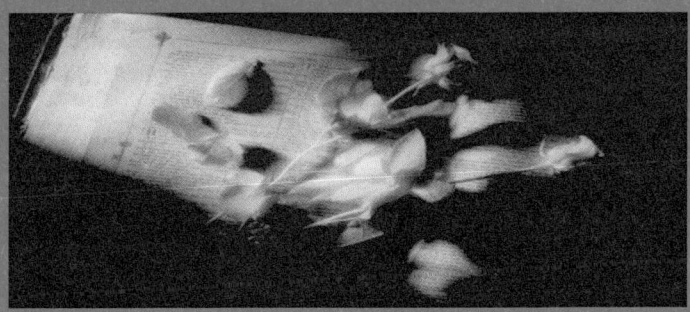

Dieses Potpourri dient dem Schutz von Mutter Erde und vermittelt Ihnen das Gefühl von Erdverbundenheit. Fühlen Sie ihre schützenden Arme um sich, und stellen Sie sich vor, wie sie Sie nährt und vor Schaden bewahrt.

Sie brauchen dazu:
Zur Ergänzung des Potpourris:
getrocknete Ästchen Ihrer Wahl
Steine
getrocknete Kräuter und Blüten Ihrer Wahl
Für das schützende Öl:
1 Tropfen Sandelholzöl
1 Tropfen Anisöl
1 Tropfen Weihrauchöl
15 ml Basisöl (aus Mandeln, Aprikosenkernen, Avocados oder Sonnenblumen)

Geben Sie Ästchen und Steine, die Sie in Ihrer Umgebung finden, in das Potpourri.
Für das Schutzöl mischen Sie die ätherischen Öle mit dem Basisöl. Um das magische Potpourri aufzufrischen, geben Sie bei Bedarf ein paar Tropfen des Öls dazu und sprechen dabei:

»Du bringst mir Schutz und Nahrung.«

Rituale

Gaben der Erde

die Macht der Kräuter und Symbole

Kapitel drei

Reinigung

»Reinigung ist unerläßlich für unser Wohlbefinden«.

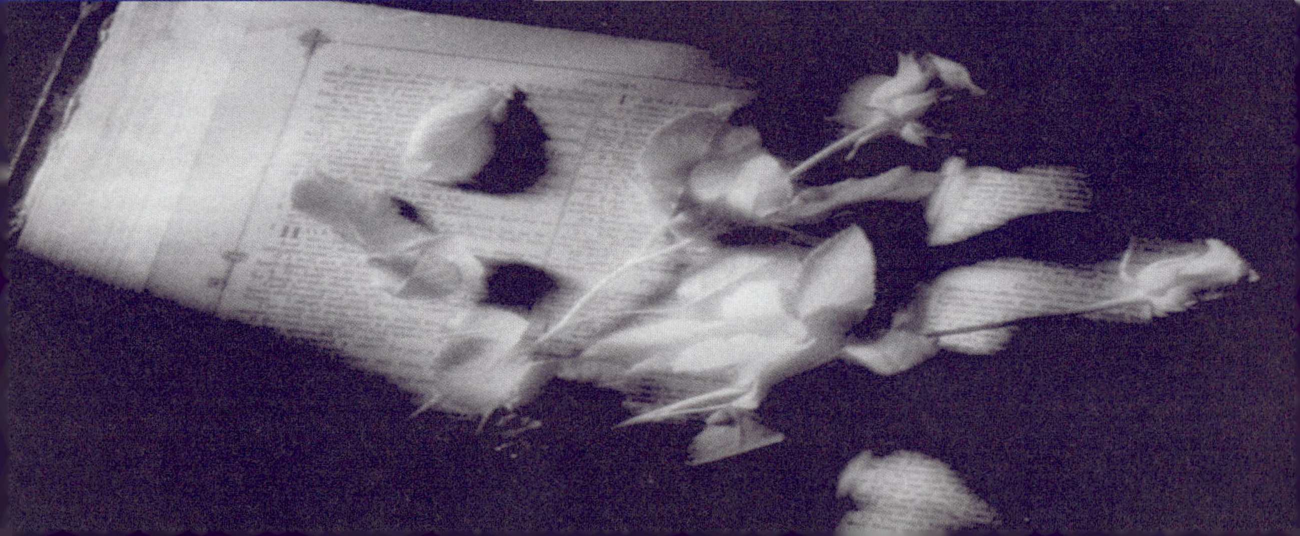

Die Reinigung unseres Zuhauses und Büros ist nicht nur wichtig, sondern unerläßlich für unser Wohl-befinden. So eine Reinigung wird alles Negative aus Ihrem Heim entfernen. Negativität ist eine Schwingung, die durch aggressive Gedanken, negativ eingestellten Besuch, Krankheit, Angst oder Chaos entsteht. Negativität kann und wird Spannung erzeugen, Streit verursachen, Sie vom Schlafen abhalten und eine bedrückende Atmosphäre schaffen. Diese unerwünschten Einflüsse können Sie durch Reinigungsrituale beseitigen, die Sie allerdings regelmäßig durchführen müssen.

Das Waschen mit Wasser und das Putzen erneuert das Leben, denn Waschen ist ein zeitloses Reinigungsritual.

Um wiederzuentdecken, was wir wirklich für wahr und heilig halten, müssen wir uns selbst und unsere Umgebung reinigen. Kleidung gehört zu unserer Persönlichkeit, eine Art Tarnung, die anderen nur zeigt, was wir auch zeigen wollen. Wenn wir diese Schichten entfernen oder abwaschen, machen wir die Reinigung des Geistes erst möglich. Dieses Ritual dient dazu, durch Reinigung eine neue Sichtweise unseres Lebens und unserer Situation zu erlangen. Wenn wir unser Zuhause und unseren Arbeitsplatz reinigen und aufräumen, entledigen wir uns des Alten, so daß neue Energie Platz finden kann. Wenn Sie Ihre Umgebung als bedrückend empfinden, sollten Sie Ihre Schränke und Schubladen aufräumen und sich von einigen Sachen trennen, die zuviel Raum einnehmen. Machen Sie ein Ritual daraus, und wenn Sie fertig sind, verstreuen Sie etwas Salbei, Zedernholz und Salz in den Ecken Ihrer Wohnung oder Ihres Büros. Dieser Zauber vertreibt die alten Energien und schützt die neuen.

Es gibt eine Menge Rituale für die Reinigung unseres Zuhauses und unseres Lebens. Die folgenden stellen nur eine kleine Auswahl davon dar. Sie werden Ihnen helfen, Ihre Umgebung rein zu halten, so daß Freude und Glück darin bestehen und wachsen können.

Ein siebentägiger Kerzenzauber für ein friedliches, liebevolles Zuhause.

Mit diesem Sieben-Tage-Ritual können Sie die Energien von Frieden, Optimismus und Spirituali-tät in Ihr Zuhause oder Ihr Büro holen. Sieben Tage oder Nächte lang müssen Sie eine Kerze anzünden und vollständig herunterbrennen lassen. Schaffen Sie eine Art Altar rund um den Fuß der Kerze, aus Kristallen, Federn oder beliebigen anderen Kleinigkeiten, die Ihnen geeignet erscheinen. Die sieben Kerzen repräsentieren Kontemplation, die in die Tiefen Ihrer Seele reicht und eine innere Transformation bewirkt. Das Entzünden der Kerzen symbolisiert das leitende Licht Ihres höheren Selbst. In der Numerologie ist die Sieben eine spirituelle Zahl, die die Schwingung des Geistes der Umgebung in sich trägt.

Sie brauchen dazu:
7 Kerzen
7 Kristalle, Federn oder Steine oder eine Kombination daraus

Beginnen Sie das Ritual, indem Sie durch das Ziehen eines magischen Kreises einen schützenden Raum schaffen. Der Kreis entsteht dadurch, daß Sie sich weißes Licht vorstellen, das den Ort, an dem Sie während des Rituals sitzen, umgibt. Dieser Zauber wird den Raum von unerwünschten Energien freihalten. Bitten Sie nur um Energien, die einen heilenden oder positiven Effekt für Sie haben.

Bevor Sie die Kerze anzünden, meditieren Sie darüber, welchem Vorhaben Sie sie weihen wollen. Nehmen Sie dann einen spitzen Gegenstand und ritzen Sie das gewünschte Symbol in die Kerze. Denken Sie daran, ein Symbol zu verwenden, das Ihnen auch wirklich etwas bedeutet. Während Sie das tun, senden Sie Ihre Energie in die Kerze und erfüllen Sie sie mit Ihrem Wunsch und Ihrer Lebenskraft.

Wenn Sie das Symbol in die Kerze geritzt haben, halten Sie für eine Weile inne, um Ihren Geist frei zu machen und das zu visualisieren, worum Sie bitten. Während der Visualisierung zünden Sie die Kerze mit folgenden Worten an:

»Ich weihe diese Kerze dem Frieden, der Harmonie, allem Positiven und dem spirituellen Bewußtsein.«

Wiederholen Sie dieses Ritual an sieben aufeinanderfolgenden Tagen. Verändern Sie dabei den Zauberspruch, sofern es Ihnen angebracht erscheint.

RITUAL FÜR EIN FRIEDLICHES ZUHAUSE

Sie brauchen dazu:
1 Handvoll Jasminblüten
1 Eßlöffel Honig
2 Passionsfruchtblüten
1 Handvoll weiße Rosenblütenblätter
125 ml Quellwasser

Vermischen Sie alle Zutaten und stellen Sie sich dabei vor Ihrem inneren Auge Ihr Zuhause oder Ihr Büro von Liebe und Licht erfüllt vor. Geben Sie die Mischung in einen Krug, den Sie so plazieren, daß Sie ihn täglich sehen.

QUELLE DER VERGEBUNG

Sie brauchen dazu:
rote Tinte
1 Blatt Papier
1 kleinen Krug oder 1 Flasche
Essig (genug, um den Krug oder die Flasche zu füllen)

Um jemand vergeben zu können, der Ihnen Unrecht getan hat, schreiben Sie seinen oder ihren Namen neunmal mit roter Tinte auf das Blatt Papier. Stecken Sie das Papier in den Krug oder die Flasche und bedecken Sie es mit Essig. Verschließen Sie Krug oder Flasche und werfen Sie sie ins Meer oder in einen Fluß. Sie können sie auch fern von Ihrem Zuhause vergraben.

UNRUHE MILDERN

Dieser Zauber hilft, jegliche Unruhe oder Aufregung von Ihrem Haus zu nehmen.

Sie brauchen dazu:
1 schwarze Kerze
1 weiße Kerze

Entzünden Sie die schwarze Kerze mit den Worten:

«Möge alle negative Energie, die von diesem Problem ausgeht, verbrennen, so wie diese Kerze verbrennt.»

Lassen Sie die Kerze ganz herunterbrennen und vergraben Sie das, was davon übrigbleibt, mit den Worten:

«Möge alle verbliebene negative Energie in den Erdboden fließen.»

Wenn Sie damit fertig sind, zünden Sie die weiße Kerze an und sprechen dazu:

«Unser Zuhause ist voller Liebe und Licht - so sei es.»

Lassen Sie auch diese Kerze ganz herunterbrennen.

MAGISCHER KEHRAUS

Sie brauchen dazu:
1 Stück Schnur
4 Rosmarinzweige
4 Fenchelzweige
1 weiße Kerze
60 g Stein- oder Speisesalz
Zedernöl

Übrigens: Die Zahl Vier symbolisiert alle Arten von Veränderungen zum Besseren.

Binden Sie die Rosmarin- und Fenchelzweige mit dem Band zu einem kleinen Besen zusammen. Konzentrieren Sie sich währenddessen darauf, Ihr Zuhause oder Büro von allen Spannungen, schlechten Schwingungen und allem Ärger zu reinigen. Es ist wichtig, daß Sie Ihre Aufmerksamkeit daraufenlenken, die Symbole, die Sie verwenden, mit Ihrer persönlichen Energie zu laden. Nur so können Sie sich die reinigende Kraft dieser Energien zunutze machen, um Ihre Umgebung zu reinigen.

Zünden Sie die Kerze an und verstreuen Sie das Salz rund um ihren Fuß mit den Worten:

»Dieses Salz reinigt diesen Raum.«

Weihen Sie die Kerze der Liebe und dem Licht, während Sie sie mit dem Öl parfümieren. Wandern Sie durch alle Zimmer Ihrer Wohnung oder Ihres Hauses und streichen Sie mit dem Besen über all Ihre Besitztümer, während Sie sich auf das Ziel dieses Rituals konzentrieren. Gehen Sie dann zur Tür Ihrer Wohnung, Ihres Hauses oder Büros und kehren Sie all die negativen Energien hinaus. Tun Sie dies so lange wie nötig.

Wenn Sie damit fertig sind, entsorgen Sie den Besen auf ehrerbietige Weise und danken den Geistern der Pflanzen für ihre Hilfe. Entweder vergraben Sie den Besen oder Sie bewahren ihn in der Garage oder einem anderen Ort außerhalb des Hauses auf. Werfen Sie ihn nicht einfach fort und verbrennen Sie ihn nicht, denn das wäre respektlos.

LEBENDE WASSER

Bäder gehören zu den ältesten Entspannungstechniken der Menschheit. Sie lenken Ihren Geist von den Sorgen des Tages ab, können aber auch dazu dienen, Liebe und Freude zu spenden. Die folgenden Baderituale sind eine großartige Möglichkeit, um Ihre Gedanken und Ihren Geist zu reinigen.

MAGISCHE REISE
Perlen der Weisheit – ein Baderitual

Ziel dieses Rituals ist es, Raum für ein tiefes, heilendes Gespräch zwischen Ihnen und Ihrem Partner zu schaffen. Es ist sehr wirksam, um die Liebe zueinander zu bestärken oder jegliche Kränkungen oder Krisen in einer Beziehung zu bereinigen.

Legen Sie mit Bedacht einen Zeitpunkt fest, zu dem Sie diese vertraute und absolut ehrliche Unterhaltung mit Ihrem Partner führen wollen. Sollte Ihnen aber etwas besonders auf der Seele liegen, wählen Sie die nächstmögliche Gelegenheit. Stecken Sie das Telefon aus oder schalten Sie Ihren Anrufbeantworter ein, und schließen Sie die übrige Welt während dieser Zeit, die nur Ihnen beiden gehört, aus.

Schaffen Sie in Ihrem Badezimmer einen sicheren, magischen Ort, an dem Sie zusammen diese heilende Arbeit leisten können. Nehmen Sie viele Kerzen (in den Farben Ihrer Wahl), betörende Liebesöle (siehe S. 19) und Kristalle zu Hilfe, die die Kraft dieses Rituals verstärken. Verteilen Sie die Kerzen und Kristalle im Raum, und geben Sie etwas von dem Liebesöl ins Badewasser. Vergessen Sie auch nicht, das Bad mit vielen Blumen zu schmücken. Ziehen Sie außerdem etwas Wein oder Sekt in Erwägung!

Steigen Sie gemeinsam in die Wanne und setzen Sie sich einander gegenüber. Wer von beiden das Bedürfnis danach hat, beginnt mit folgenden Worten:

> *»Was ich Dir gerne sagen möchte, ist ... (oder ein ähnlicher Anfang).«*

Danach sollte die Ausführung des Problems folgen und was derjenige dazu empfindet. Schließen Sie Ihre Rede mit der folgenden Aussage:

> *»Und was ich an Dir liebe, ist ... (und sagen Sie Ihrem Partner, was es ist).«*

Wer zuerst das Wort ergriffen hat, soll sprechen, bis er alles gesagt hat. Der Partner hört nur zu und konzentriert sich ganz auf den Empfang des Gesagten, ohne irgendwie darauf zu reagieren. Nacheinander sollten beide Partner wirklich alles sagen, was sie bedrückt, bis Sie das Gefühl haben, die Lage geklärt und Ihre ehrliche Meinung geäußert zu haben. Jeder muß das Gefühl haben, vom anderen voll und ganz verstanden worden zu sein.

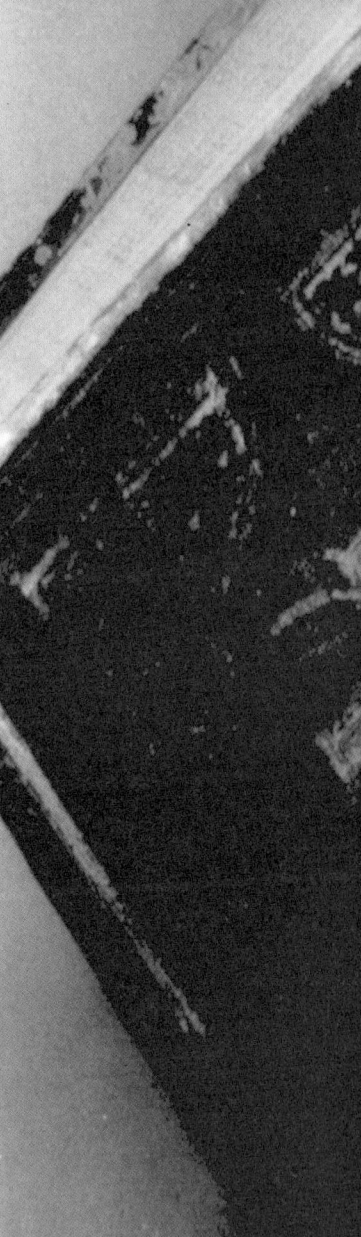

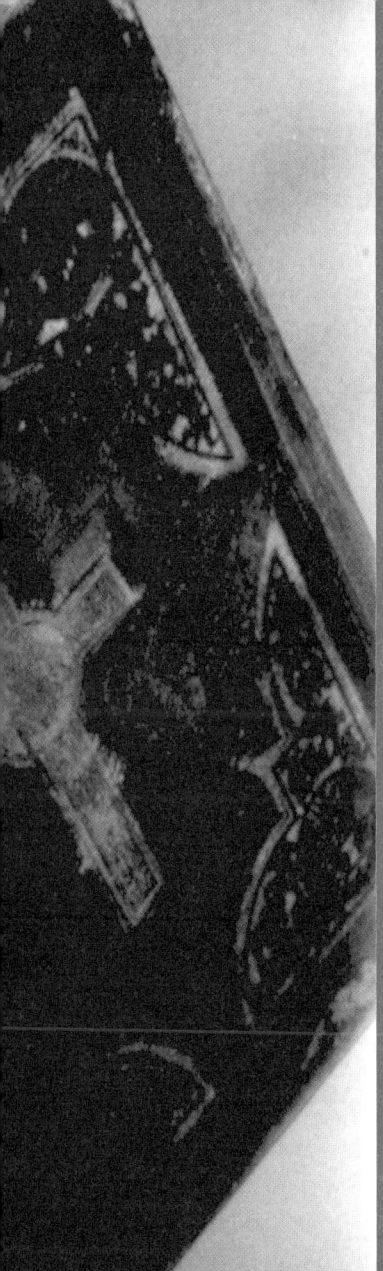

Einen Riß in der Beziehung kitten

Nehmen Sie ein Bad, um eine verletzte Beziehung zu heilen. Konzentrieren Sie sich, während Sie im Wasser liegen, darauf, die Wunde zu schließen. Sorgen Sie für eine magische Atmosphäre in Ihrem Badezimmer, indem Sie dort so viele rosa und rote Kerzen anzünden, wie Ihnen nötig erscheinen. Stellen Sie sicher, daß Sie während des Badcrituals nicht gestört werden.

Sie brauchen dazu:
1 Handvoll Jasmin
1 Handvoll Rosmarin
1 Handvoll Nelkenblüten
1 Handvoll Lavendelblüten
1 Zweig Minze
flauschige, vorgewärmte Handtücher

Mischen Sie alle Kräuter und Blüten und geben Sie sie in ein Leinensäckchen, das Sie oben zuknoten und ins Wasser legen. Lassen Sie das Säckchen beim Baden im Wasser. Stellen Sie sich vor Ihrem inneren Auge vor, daß die Wunde bereits verheilt ist, und entspannen Sie sich so lange im warmen Wasser, wie es Ihnen gefällt. Trocknen Sie sich sanft mit den bereitgelegten warmen Handtüchern ab.

Wiederholen Sie dieses Ritual, solange der Riß in der Beziehung besteht.

Erfolgs- oder Karrierebad

Sie brauchen dazu:
3 Eßlöffel Ringelblumenblüten
3 Eßlöffel Minze
3 Eßlöffel Petersilie
3 Eßlöffel Fenchel
3 Eßlöffel Kapuzinerkresse (Blüten und Blätter)
1 grüne Kerze

Geben Sie alle Kräuter und Blüten in ein Leinensäckchen, das Sie oben zuknoten. Legen Sie dieses Säckchen ins Badewasser, und lassen Sie es während des Badens dort. Zünden Sie die Kerze an, blicken Sie in die Flamme und sprechen Sie folgenden Zauberspruch:

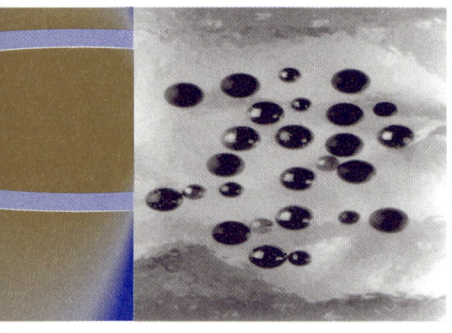

Ich werde baden, und ich werde
so grün und stark sein, gute Kräuter, wie Ihr.
Erweist mir [hier nennen Sie Ihren Namen]
Gunst, Ruhm und strahlende Ehre.
So soll es sein.

Die folgenden Kräuter können Sie ebenfalls in Ihr Zauberbad geben.

LORBEERBLÄTTER: Erleichterung bei Gliederschmerzen
KAMILLE: Beruhigung und Entspannung
HOLUNDERBLÄTTER ODER –BLÜTEN: Heilung und Belebung
LAVENDEL: Erfrischung
LINDENBLÜTEN: Beruhigung
BEIFUSS: befreit von Müdigkeit

BEVORZUGTE TAGE FÜR BADERITUALE

MONTAG: Ein Bad vor dem Schlafengehen sorgt für prophetische Träume.
DIENSTAG: Ein Bad erhöht die Leidenschaft.
MITTWOCH: Ein Bad stärkt den Intellekt.
DONNERSTAG: Ein Bad bringt Geld ins Haus.

HOKUSPOKUS

FREITAG: Ein Bad hilft, Liebe zu finden.

SAMSTAG: Ein Bad bringt Geduld.

SONNTAG: Ein Bad macht Sie stärker und gesünder.

DIE BESTEN TAGESZEITEN ZUM BADEN

MORGEN: stärkt die Schönheit

...fördert das seelische Bewusstsein

...ERNACHT: bringt Glück und Reichtum (besonders bei Vollmond)

die Macht der Kräuter und Symbole

Ein Küchenschrank voller Magie

Die Hexenküche enthält ein Sortiment magischer Rituale zu diversen Zwecken. Dieses Kapitel beinhaltet Rituale, Segens- und Zaubersprüche für eine Vielzahl von Bedürfnissen und Wünschen.

VERLORENE GEGENSTÄNDE WIEDERFINDEN

Um einen verlorenen Gegenstand wiederzufinden, zeichnen Sie ihn zunächst einmal auf ein Stück Papier. Während des Zeichnens stellen Sie sich vor, wie der Gegenstand zu Ihnen zurückkehrt. Legen Sie die Zeichnung in Ihre Zauberbox (siehe unten), und warten Sie, bis die Antwort zu Ihnen kommt. Wenn das nicht passiert, fragen Sie, warum der Gegenstand verlorenging und horchen Sie auf die Antwort. Schreiben Sie den Namen der verlorenen Sache auf ein Stück Papier und heften Sie dies an ein Kissen. Lassen Sie das Papier dort, bis Sie den Gegenstand wiedergefunden haben.

Setzen Sie sich in Ruhe hin, machen Sie Ihren Geist frei und bitten Sie um inneres Geleit beim Ausfindigmachen der verlorenen Sache. Erinnern Sie sich, wann Sie den Gegenstand das letzte Mal gesehen haben, und verfolgen Sie Ihre Schritte zurück. Um ein gutes Resultat zu erzielen, erzwingen Sie nichts - das Verlorengegangene wird zu Ihnen zurückkehren, selbst wenn Sie gar nicht darüber nachdenken. Wenn die verlorene Sache aber nicht zu Ihnen zurückkommt, werden Sie wissen, daß Sie sie aufgeben müssen, da es nicht bestimmt war, daß sie zurückkommen sollte. Bedenken Sie, daß jemand anders sie vielleicht nötiger braucht als Sie selbst.

Nach der folgenden Anleitung können Sie sich eine Zauberbox basteln.

Sie brauchen dazu:
1 alten Karton
Farbe
Bilder Ihrer Wahl
Stoff zum Ausschlagen

Ein alter Karton ist die einfachste Möglichkeit, sich eine Zauberschachtel zu bauen. Bemalen und bekleben Sie ihn mit Bildern, die Ihnen gefallen. Schlagen Sie die Innenseiten mit Stoff aus, und schon können Sie die Box zum Wiederfinden verlorener Gegenstände verwenden. Eine solche Schachtel kann auch dazu dienen, Wünsche zu erfüllen. Schreiben Sie ganz konzentriert nieder, was Sie benötigen, und legen Sie das Blatt mit Ihrem Wunsch in die Zauberschachtel. Warten Sie ab, ob der Wille des Himmels Ihren Wunsch in Erfüllung gehen läßt.

Trauer ist Heilung, ist ein natürlicher und gesunder Prozeß und ein wichtiger Reifungsschritt. Unsere individuelle Wahrnehmung und Interpretation bestimmt, was wir als Verlust betrachten, und jeder Mensch hat seine eigene Art und Weise, damit umzugehen.

Wenn Sie einen Todesfall miterleben, besteht die schwerste Aufgabe darin, den Verstorbenen gehen zu lassen. Trauer kann man aber auch über das Ende einer Beziehung empfinden, wenn jemand ins Ausland geht oder wenn ein Kind von Zuhause auszieht. All diese Trauer ist wichtig, und wenn Sie sie akzeptieren, sind Sie zugleich schon auf dem Weg, sie zu heilen. Wenn Sie das Gefühl haben, es ist Zeit loszulassen, möchten Sie vielleicht damit beginnen, befreiende Trauerperlen zu verwenden. Diese Perlen können Sie auch für einen anderen Menschen anfertigen.

Sie brauchen dazu:
18 farbige Glas- oder Tonperlen
1 Schnur oder 1 Band

Nehmen Sie die Schnur und knüpfen Sie an einem Ende einen Knoten. Fädeln Sie die Perlen eine nach der anderen auf. Versuchen Sie sich dabei so friedvoll wie möglich zu fühlen oder meditieren Sie. Meditation ist Zeit, die Sie in Ihrem Inneren verbringen. Jede der Perlen sollte für Sie ein Mantra repräsentieren. Ein Mantra ist ein Gebet, das die Heilung des Geistes fördern soll. Sprechen Sie folgendes Mantra - oder denken Sie sich selbst eines aus - bei jeder Perle, die Sie auffädeln:

»Ich bin Liebe, und das innere Licht heilt mich.«

Wenn Sie alle Perlen aufgefädelt haben, nehmen Sie die Perlenschnur und setzen sich damit allein an einen ruhigen Ort. Lassen Sie Ihren Gefühlen freien Lauf. Es wird Ihnen beim Heilungsprozeß helfen, wenn Sie sich Ihrer Gefühle bewußt sind, denn diese Gefühle werden Ihnen die Kraft geben, weiterzumachen. Mit der Zeit werden Sie etwas von Ihrer Zuneigung aufgeben müssen. Wenn Sie Ihre Trauer leichter nehmen, befreien Sie Ihr Herz von seiner Last.

Meditieren Sie jeden Tag genau gleich lang, auch wenn es nur ein paar Minuten sind, benutzen Sie dabei die Perlen, um mit Ihren Gefühlen in Verbindung zu bleiben. Vielleicht möchten Sie die Perlen eine nach der anderen ins Meer werfen oder vergraben, wenn Sie das Gefühl haben, daß Ihre Trauer vorüber ist.

JA-NEIN-STEINE

Sie brauchen dazu:
...glichst ähnlich geformte flache Steine
Farbe

Alles ...as Sie tun müssen, ist, die Wörter ...und »nein« mi... ...ul die Steine malen. Sie können sie ...enutzen, aber b... ...en Sie keine Frage...wie »S...en diese Straße ...en?« Verwenden Sie ...e jedes andere Mitt... ...regung, als Or...ungshilfe in ...des Lebens.

Geben Sie die Steine in ein... ...oder legen Sie sie mit d... ...unten auf einen Tisch. Konzentrieren Sie sich auf eine Frag... ...iehen Sie blind ein... ...dem Beutel oder drehen Sie einen um, um die Antwort zu erfahren.

STEINWURF

...n Ritual zum Abreagier...

Sie brauchen dazu...
...tückchen Amethys...

...hren Sie ans Meer od... ...uß. Nehmen Sie den Amethys... ...Sie sich damit ans Ufer ...len Sie Ärger und ...sich aufwallen, leiten Sie diese Energie in de... ...Tun Sie dies so lan... bis Sie das Gefühl haben, den Kristall ganz mit Ihrem Zorn gefüllt zu haben. We...en Sie ihn dan... mit aller Kraft, die Sie haben, ins Wasser. Bedanken Sie sich beim Meer oder dem Fluß, daß Sie Ihren Ärger ...ablassen durften. D... ...ich um, und gehen Sie fort, ohn... ...ch einmal umzudrehen Genießen Sie die Ruhe, die Sie je...in sich spüren.

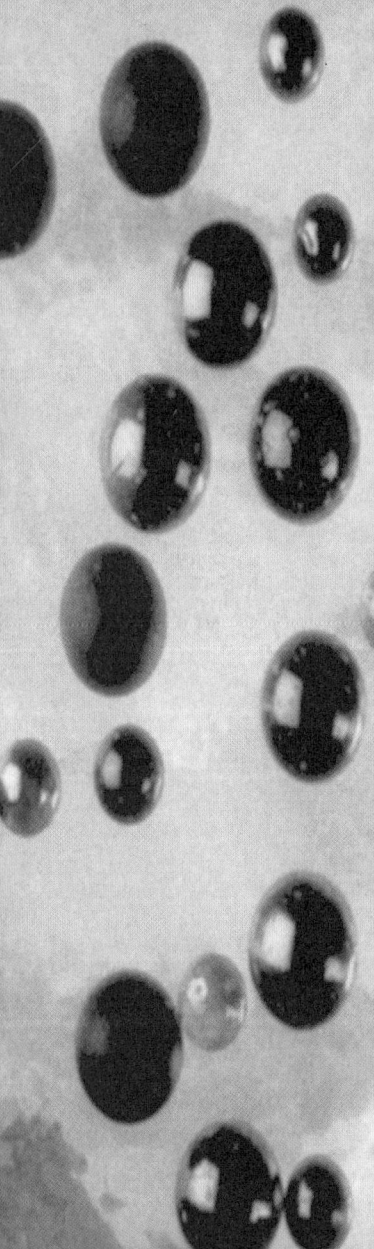

TRAUMTAGEBUCH

Das Führen eines Traumtagebuchs wird Ihnen bei der Bewältigung alltäglicher Probleme helfen: wenn Sie immer wiederkehrende Symbole aufzeichnen, werden Sie bestimmte Muster in Ihren Träumen erkennen. So können Sie bewußt Ereignisse in Ihrem Leben analysieren, die Ihnen in Ihren Träumen wiederbegegnen, und Sie gewinnen Einsicht in das, was Sie tun sollten, um unerwünschten Sorgen aus dem Weg zu gehen.

Die Stärke der Traumsymbole besteht darin, daß sie dem wahren Wesen des Lebens besonders nahekommen. Ihre Bedeutungen bleiben in der Regel unverändert. Aber Sie allein wissen, wofür jedes einzelne Symbol steht. Es gibt ein paar allgemeingültige Deutungen, doch die müssen Sie nicht übernehmen. Symbole finden Zugang zu einem verborgenen Kern in uns selbst. Sie können auch in der Meditation, bei der Suche nach innerem Frieden und spiritueller Weisheit Anwendung finden.

TRAUMPFEIL

Sie brauchen dazu:
1 Stock aus Hartholz
1 Taschenmesser
Schmirgelpapier
verschiedene farbige Bänder

Nehmen Sie das Holz oder einen Stock und schnitzen Sie ein Ende zu einer Spitze, so daß es wie ein Pfeil aussieht. Sie können das Holz auch abschmirgeln. Denken Sie währenddessen an die Träume, von denen Sie hoffen, daß sie in Erfüllung gehen, und laden Sie das Holz damit. Außerdem können Sie Symbole, die eine besondere Bedeutung für Sie haben, in den Pfeil schnitzen. Binden Sie die bunten Bänder drum herum und hängen Sie den Pfeil über Ihr Bett, damit er Ihre Träume aufspießt.

WUNSCHSCHOTE

Sie brauchen dazu:
1 Samenschote von einem beliebigen Baum (z.B. Akazie) oder eine Eierschale
1 Bogen handgeschöpftes Papier (am besten von Ihnen selbst hergestellt)
Bilder, die Ihre Träume symbolisieren

Mit Hilfe der Samenschote oder Eierschale werden Ihre Träume wahr. Schreiben Sie Ihren Traum auf das handgeschöpfte Papier und dekorieren Sie das Blatt mit Bildern, die Sie ausgeschnitten haben. Achten Sie darauf, daß Sie wirklich hinter dem stehen, was Sie sich wünschen, indem Sie es sich so bildlich wie möglich vorstellen. Legen Sie das gefaltete Papier in die Samenschote oder Eierschale und vergraben Sie die Wunsch-Schote im Topf einer jungen Pflanze oder zwischen den Wurzeln eines jungen Baums. Lassen Sie jetzt den Wunsch frei und warten Sie auf den Willen des Himmels.

GEBETSFEDER DER HOPI-INDIANER

Diese Gebetsfedern können von einer Person allein, aber auch von der ganzen Familie gemeinsam hergestellt werden. In diesem Fall lassen Sie am besten jeden seine Federn selbst sammeln.

Sie brauchen dazu:
1 rote Feder, als Symbol des Südens
1 schwarze Feder, als Symbol des Westens
1 weiße Feder, als Symbol des Nordens
1 gelbe Feder, als Symbol des Ostens
1 Stück rote Schnur
1 Stück schwarze Schnur
1 Stück weiße Schnur
1 Stück gelbe Schnur

Diese Farben repräsentieren die vier Richtungen des Schutzes. Nehmen Sie die Schnüre und binden Sie die Federn damit zusammen, während Sie sich auf Ihren Wunsch nach Liebe und Glück konzentrieren.

Hängen Sie die Gebetsfedern so auf, daß jeder sie täglich sieht. Dieses Ritual kann alljährlich mit neuen Federn wiederholt werden. Sie können die neuen Federn auch zu den alten dazubinden.

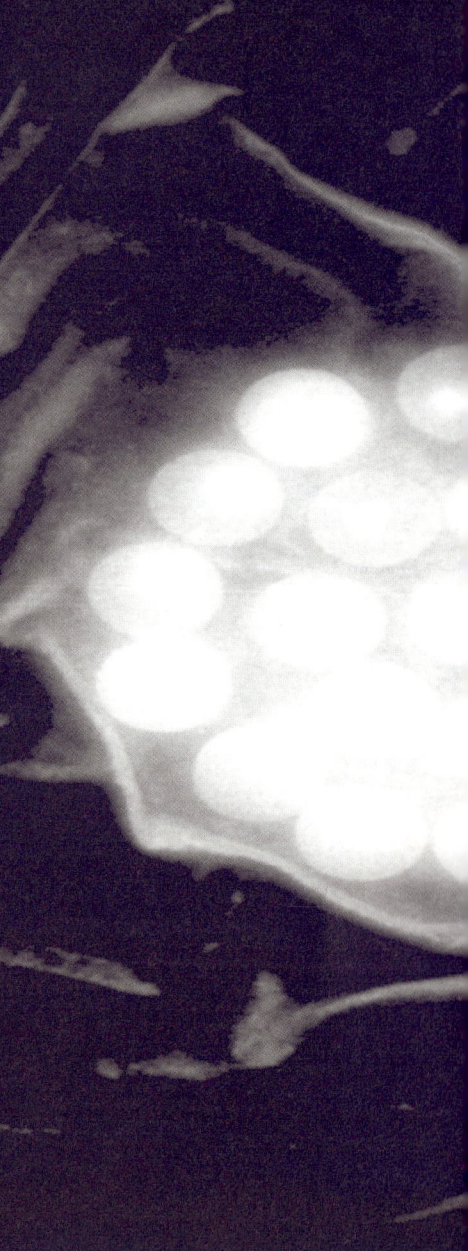

EINE HELFENDE HAND

Dies ist ein Ritual für einen Freund, der etwas Hilfe und Unterstützung braucht. Der Freund muß das Ritual jedoch selbst durchführen.

Man braucht dazu:
1 rote Kerze
3 Tropfen Liebesöl (siehe S. 19)
1 violette Kerze
1 Stückchen Jade als Glücksbringer

Parfümieren Sie die rote Kerze mit dem Liebesöl und richten Sie dabei Ihre Konzentration auf Liebe und Erfolg. Zünden Sie die Kerze anschließend mit den folgenden Worten an:

«Ich weihe diese Kerze und dieses Ritual der Liebe und dem Erfolg.»

Parfümieren Sie die violette Kerze ebenfalls und widmen Sie sie dem gleichen Zweck wie die rote. Nehmen Sie das Jadestückchen in die Hand, die nicht Ihre Schreibhand ist, und füllen Sie es mit Ihrer Lebensenergie, Ihrem Wunsch nach Liebe und Erfolg. Legen Sie die Jade vor die beiden Kerzen, denn das hilft, den Stein zu laden. Wenn die Kerzen zur Gänze heruntergebrannt sind, haben Sie in dem Jadestück einen Talisman für Ihren Wunsch.

WILLKOMMENSRITUAL

Dies ist ein Ritual, um einen neuen Hausbewohner zu begrüßen.

Sie brauchen dazu:
1 gelbe Kerze
1 Flasche Rotwein oder ein anderes Getränk
1 Kuchen (am besten backen Sie ihn in dem Wunsch nach einem guten
Zusammenleben selbst)
1 Stein oder Kristall

Bereiten Sie ein Abendessen für den neuen Mitbewohner vor. Stellen Sie die Kerze, den Wein, den Kuchen und den Stein auf den Tisch, bevor Sie mit dem Essen beginnen. Alle im Haus lebenden Menschen sollten anwesend sein und rund um den Tisch sitzen. Bitten Sie sie, die Augen zu schließen, und lassen Sie eine Person damit beginnen, einen magischen Zirkel zu ziehen. Bitten Sie dann jemand anderen, die Kerze anzuzünden und dabei folgenden Spruch zu sagen:

»Ich weihe diese Kerze dem Wunsch, daß unser Zuhause von Freude und Glück erfüllt sein möge.«

Dann nehmen Sie den Stein und reichen ihn von einem zum anderen. Mit dem Stein in der Hand sollte jeder einen Wunsch äußern, wie er sich das gemeinsame Zusammenleben vorstellt, z.B. daß Unstimmigkeiten schnell und ohne Aggression beigelegt werden. Legen Sie den Stein an eine Stelle, wo ihn alle sehen können, denn er soll an Ihre Vereinbarung erinnern. Beginnen Sie dann das Abendessen, das Sie mit dem Kuchen beschließen. Jeder am Tisch sollte als Zeichen des gegenseitigen Respekts ein Stück davon bekommen.

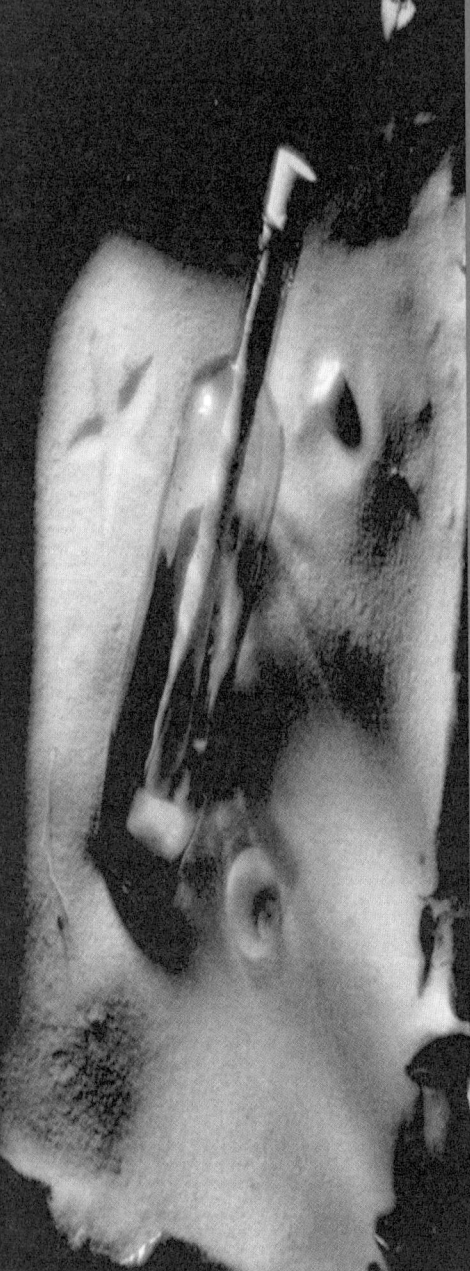

Bezugsquellen

Viele Naturkostläden, Esoterik-Geschäfte und -Buchhandlungen sowie Geschenke-Shops führen die in diesem Buch genannten Utensilien. Manche davon, wie zum Beispiel Kerzen und Kräuter, werden Sie in jedem Supermarkt finden. Reine ätherische Öle können Sie in der Apotheke, in Naturkost- oder Esoterik-Läden bekommen. Es gibt auch Versandgeschäfte, die sich auf diese Produkte spezialisiert haben. Hier seien nur einige wenige genannt:

BRENNESSEL
TÜRKENSTR. 60
80799 MÜNCHEN
TEL: 089/28 03 03
FAX: 089/2 80 20 49

PRIMAVERA GMBH

FICHTENHOLZ 5
87477 SULZBERG
TEL: 08376/80 80
FAX: 08376/8 08 39

TEELICHT TEEVERSAND
CASPAR-VOGHT-STR. 90
20535 HAMBURG
TEL: 040/2 00 82 90
FAX: 040/2 00 24 45